José Manuel González
Ralf Peter Reimann

Verschiedene Traditionen – ein Geist
Diversas tradiciones – un Espíritu

Verschiedene Traditionen – ein Geist
Diversas tradiciones – un Espíritu

José Manuel González
Ralf Peter Reimann

60 Jahre Evangelische Gemeinde
spanischer Sprache in Duisburg
60 años de la Iglesia Evangélica
de Habla Hispana en Duisburgo

Bibliografische Information der Deutschen Nationalbibliothek:
Die Deutsche Nationalbibliothek verzeichnet diese Publikation in
der Deutschen Nationalbibliografie; detaillierte bibliografische
Daten sind im Internet über http://dnb.dnb.de abrufbar.

Verlag: BoD · Books on Demand GmbH, In de Tarpen 42, 22848
Norderstedt
Druck: Libri Plureos GmbH, Friedensallee 273, 22763 Hamburg
ISBN: 978-3-7597-5021-1
1. korrigierte Auflage

Vorwort | Prólogo

Zᴜᴍ 60-jährigen Jubiläum der Evangelischen Gemeinde spanischer Sprache in Duisburg legen wir dankbar dieses Buch vor, das die Geschichte und Herkunft der Gemeinde darstellt. Das Spektrum der Autor*innen und Beiträge zeigt die Vielfalt innerhalb der Gemeinde auf, die es möglich macht, dass Menschen unterschiedlicher Herkunft in dieser Gemeinde eine geistliche Heimat gefunden haben. Dies zeigt sich auch in den verschiedenen Beiträgen und im Titel „Verschiedene Traditionen – ein Geist", den wir in Anlehnung an das paulinische Wort „Es sind verschiedene Gaben; aber es ist ein Geist" (1. Kor. 12,4) für diese Publikation gewählt haben.

Die unterschiedlichen Traditionen der Gemeindeglieder lassen sich als Gaben verstehen, die jeder und jede in die Gemeinde einbringt und so den einen Geist sichtbar werden lässt, der uns verbindet.

Die Autor*innen haben ihre Beiträge in ihrer jeweiligen Muttersprache verfasst, also auf Spanisch und auf Deutsch. Nicht alle Leser*innen sind zweisprachig, deshalb haben die Herausgeber eine Zusammenfassung in der jeweils anderen Sprache erstellt, die die wesentlichen Aussagen wiedergibt. Eine vollständige Übersetzung der Texte war leider aus Platzgründen nicht möglich.

In einer Zeit, in der die Digitalisierung unser Leben prägt, ist ein Buch immer noch ein geeignetes Mittel, um Wissen und Erinnerungen zu bewahren. Es hält fest, was uns als Gemeinschaft wichtig ist, und bewahrt die Geschichten und Erfahrungen, die unsere Gemeinde geprägt haben.

Danksagung

Unser herzlicher Dank gilt allen Autor*innen, die mit ihren Beiträgen dieses Buch bereichert haben. Ein besonderer Dank geht an José (Pepe) Martínez für seine Unterstützung bei der Fotorecherche. Wir danken auch dem *Ministerio de Coordinación*, namentlich Anabel Cantú Flores Reimann, Sally Martínez und Harry Gleisberg Jr., sowie Pastor Benjamín Álvarez für ihre Unterstützung bei diesem Buchprojekt.

Seit 60 Jahren hat die Gemeinde in der Juliusstraße ihr Zuhause, doch die Zukunft dieses Ortes ist ungewiss. Dennoch schauen wir mit Hoffnung und Zuversicht nach vorne, dankbar für die vergangenen Jahrzehnte und in Erwartung dessen, was noch kommt.

* * *

CON motivo del 60° aniversario de la Iglesia Evangélica de Habla Hispana en Duisburgo, presentamos con gratitud este libro, que describe la historia y el origen de la iglesia. La variedad de autoras y autores y sus contribuciones muestran la diversidad dentro de la iglesia, que ha permitido que personas de diferentes orígenes encuentren un hogar espiritual en ella. Esto también se refleja en las diversas contribuciones y en el título «Diversas tradiciones - un espíritu», que hemos elegido para esta publicación en referencia a las palabras paulinas: «Ahora bien, hay diversidad de dones, pero el Espíritu es el mismo» (1 Corintios 12,4).

Las diferentes tradiciones de los miembros de la iglesia pueden entenderse como dones que cada uno aporta a la iglesia, haciendo visible el único Espíritu que nos une.

Los autores y autoras han escrito sus contribuciones en su idioma materno, tanto en español como en alemán. No todos son bilingües, por lo que los editores han elaborado un resumen en el otro idioma respectivo que recoge las ideas esenciales. Por razones de espacio, no fue posible realizar una traducción completa de los textos.

En una época en la que la digitalización marca nuestra vida, un libro sigue siendo un medio adecuado para preservar el conocimiento y los recuerdos. Recoge lo que es importante para nosotros como comunidad y guarda las historias y experiencias que han dado forma a nuestra iglesia.

Agradecimientos

Nuestro más sincero agradecimiento a todas las autoras y autores que con sus contribuciones han enriquecido este libro. Un agradecimiento especial a José (Pepe) Martínez por su apoyo en la investigación fotográfica. También agradecemos al *Ministerio de Coordinación*, en particular a Anabel Cantú Flores Reimann, Sally Martínez y Harry Gleisberg Jr., así como al Pastor Benjamín Álvarez por su apoyo en este proyecto del libro.

Durante 60 años, la iglesia ha tenido su hogar en la Juliusstraße, pero el futuro de este lugar es incierto. Sin embargo, miramos hacia adelante con esperanza y confianza, agradecidos por las décadas pasadas y en expectativa de lo que está por venir:

¡Soli Deo gloria!

José Manuel González y | und Ralf Peter Reimann
Duisburg im Juli | Duisburgo en julio
MMXXIV

GRUSSWORTE | SALUDOS

Deutschsprachige Gemeinde
Iglesia alemana

Von | de Viktor Petkau

SEHR herzlich gratuliere ich euch, meinen spanischsprechenden Glaubensgeschwistern, zu eurem 60-jährigen Jubiläum! Ich freue mich sehr, dass es euch gibt und dass wir einander kennenlernen dürfen. Noch sind keine zwei Jahre vergangen, seit ich als Pastor für die deutschsprachige Gemeinde berufen worden bin. Doch in dieser kurzen Zeit spüre ich, dass wir uns als Gemeinden viel zu geben haben und dass wir einander gegenseitig guttun. Das wird vor allem in den gemeinsamen Gottesdiensten deutlich, die wir vier Mal im Jahr miteinander feiern. Dazu stellen wir jedes Mal eine Mischung aus spanischen und deutschen Liedern auf. Erstaunlich, aber es gibt so viele Lieder, deren Melodie wir kennen, da macht es richtig Spaß, Spanisch zu lernen! Bei der Predigt wechseln Benjamín Álvarez und ich uns ab. Er ist der neue Pastor in der spanischsprechenden Gemeinde. Wir haben fast zeitgleich in Duisburg unseren Dienst begonnen. Und ich denke, es hat für uns beide einen großen Vorteil, dass wir sowohl mit unseren Gemeinden als auch dem gesamten Umfeld „Neuland" entdecken. Seit unserer ersten Begegnung hat sich für uns die Vision abgezeichnet, gemeinsam den Herausforderungen unserer Zeit zu begegnen. Und diese Herausforderungen sind groß. Angefangen damit, dass die Mitgliederzahlen beider Gemeinden geschrumpft sind. Das spüren wir sowohl bei fehlenden Mitarbeitern als auch bei den Finanzen. Und die zunehmende Säkularisierung unserer Gesellschaft schafft neue Voraussetzungen. Das birgt Risiken und Chancen. Diese zu erkennen und ihnen gemeinsam zu begegnen, sind Aufgaben, denen wir uns in den nächsten Jahren stellen müssen. Und gemeinsam sind wir stärker. Deshalb tut es unseren beiden Gemeinden gut, dass sich unsere Gemeindeleitungen auch immer wieder zu gemeinsamen Sitzungen treffen. Hier tauschen wir uns aus und bringen einander auf den neusten Stand, was Veränderungen und Entwicklungen angeht. Hier loten wir aus, wo jede Gemeinde autonom entscheiden sollte oder wo wir besser daran tun, gemeinsam zu handeln. Mir jedenfalls tut es gut, dass Benjamín Álvarez und ich uns einmal im Monat treffen. So lernen wir uns immer besser kennen. Im Hören aufeinander werden Wege erkennbar. Im Gebet füreinander wachsen wir, tragen und unterstützen uns gegenseitig. Möge unsere gemeinsame Zukunft davon geprägt sein, was Jesus in seinem Gebet auf dem Herzen hatte und immer noch hat: „Sie sollen alle untrennbar eins sein, so wie du, Vater, mit mir verbunden bist und ich mit dir. Dann kann auch diese Welt glauben, dass du mich gesandt hast" (Johannes 17,21).

* * *

¡QUERIDOS hermanos y hermanas en la fe, felicito de todo corazón a la iglesia de habla hispana por su 60° aniversario! Me alegra mucho que existan y que podamos conocernos. Hace menos de dos años fui nombrado Pastor de la iglesia de habla alemana, y en este corto tiempo he sentido que ambas iglesias tenemos mucho que ofrecer y que nos beneficiamos mutuamente.

Esto se refleja especialmente en los servicios conjuntos que celebramos cuatro veces al año, donde combinamos canciones en español y alemán. Es sorprendente cuántas melodías conocemos en ambos idiomas, lo que hace que aprender español sea muy divertido.

En la predicación, Benjamín Álvarez y yo nos turnamos. Él es el nuevo Pastor de la iglesia de habla hispana, y ambos comenzamos nuestro ministerio en Duisburgo casi al mismo tiempo. Esto nos ha permitido explorar «territorio nuevo» tanto con nuestras iglesias como con el entorno en general.

Por eso es beneficioso que nuestras juntas directivas se reúnan regularmente para intercambiar información y mantenernos actualizados sobre cambios y desarrollos. Así, evaluamos dónde cada comunidad debería decidir de forma autónoma y dónde es mejor actuar conjuntamente.

Que nuestro futuro compartido esté marcado por lo que Jesús tenía en su corazón y en su oración: «Que todos sean uno, así como tú, Padre, estás en mí y yo en ti. Que también ellos estén en nosotros, para que el mundo crea que tú me enviaste» (Juan 17:21).

Viktor Petkau
Pastor der Evangelisch-Freikirchlichen Gemeinde Duisburg-Mitte

Evangelischer Kirchenkreis Duisburg
Sínodo Evangélico de Duisburgo

Von | *de Christoph Urban*

„Alles, was ihr tut, geschehe in Liebe."

DIE Jahreslosung aus dem ersten Brief an die Korinther bringt das Anliegen und den Geist der Evangelischen Gemeinde spanischer Sprache in Duisburg treffend zum Ausdruck. Es ist ein Werk der Liebe, dass Menschen sich im Glauben in der Sprache versammeln, die ihnen vertraut ist. Von Anfang an wurde der Glaube an Jesus Christus in den verschiedenen Sprachen der Menschen ausgedrückt. So können sie über die Bibel, im Gebet, mit Liedern und im Gespräch eine enge Verbindung zu dem aufbauen, der Mensch wurde, damit wir froh werden.

Der Dienst der Evangelischen Gemeinde spanischer Sprache ist für den Evangelischen Kirchenkreis Duisburg ein Werk der Liebe, das wir in dieser Form nicht leisten können. Deshalb sind wir dankbar, dass es diese Gemeinde hier gibt und dass dadurch die Verkündigung und Gnade Christi Menschen erreicht, die wir nicht erreichen können. Dies betrifft sowohl die Sprache als auch die evangelische Weite, die in der Gemeinde spanischer Sprache gelebt wird. Sie ist Ausdruck evangelischer Ökumene.

Ich möchte das 60-jährige Jubiläum zum Anlass nehmen, Ihnen im Namen des Evangelischen Kirchenkreises Duisburg für Ihren Dienst, Ihr Zeugnis und einfach für Ihr Dasein zu danken. Möge Gott Ihre Arbeit auch in Zukunft segnen und reiche Frucht der Liebe hervorbringen.

* * *

«Todo lo que hagan, háganlo con amor.»

EL lema anual de la primera epístola a los Corintios expresa adecuadamente el propósito y el espíritu de la Iglesia Evangélica de Habla Hispana en Duisburgo. Es una obra de amor que las personas se reúnan en la fe en el idioma que les es familiar. Desde el principio, la fe en Jesucristo se ha expresado en los diversos idiomas de las personas. Así, a través de la Biblia, en la oración, con canciones y en conversación, pueden establecer una conexión cercana con aquél que se hizo humano para que pudiéramos ser felices.

El servicio de la Iglesia Evangélica de Habla Hispana en Duisburgo es para el Sínodo Evangélico de Duisburgo una obra de amor que no podemos realizar de esta manera. Por eso estamos agradecidos de que exista esta comunidad aquí y que, a través de ella, la proclamación y la gracia de Cristo alcancen a personas a las que nosotros no podemos llegar. Esto se aplica tanto al idioma como a la amplitud evangélica que se vive en la comunidad de habla española. Es una expresión de ecumenismo evangélico.

Quiero aprovechar el 60 aniversario para agradecerles en nombre del Sínodo Evangélico de Duisburgo por su servicio, su testimonio y simplemente por su presencia. Que Dios bendiga su trabajo también en el futuro y produzca abundantes frutos de amor.

Dr. Christoph Urban
Superintendent des Evangelischen Kirchenkreises Duisburg

Inhaltsverzeichnis | Índice general

1

RETROSPECTIVA
RÜCKBLICK

De | von José Manuel González

ESTE artículo ofrece una breve historia de la Iglesia Evangélica de Habla Hispana en Duisburgo, que abarca desde sus orígenes en el año 1964 hasta la toma de posesión del nuevo misionero-pastor en el año 2022. La historia de esta congregación se puede organizar mejor según el mandato de sus pastores.

José Antonio Martínez (1964-1983)

En septiembre de 1964 llega a Duisburgo José Antonio Martínez con su Esposa Trinidad García (¡entre nosotros a sus 100 años de vida!) y sus hijos Javier, Daniel y José Antonio. Vienen de Argentina, adonde José y Trinidad habían emigrado desde España. José Antonio Martínez (*1919 - †2004), hombre leído y autodidacta, tiene una profunda experiencia de fe, que comparte con sus conciudadanos predicando en las calles y cárceles.

Llega a Duisburgo y de inmediato busca reunirse en una iglesia evangélica afin a sus convicciones religiosas. Y da con

Pastor José Antonio Martínez con su esposa Trinidad e hijos

la *Evangelisch-Freikirchliche Gemeinde (Baptisten)* en Juliusstraße. Solicita a los dirigentes de la iglesia una sala para poder invitar a oír el evangelio a los españoles emigrantes de la ciudad. La directiva de esta iglesia alemana, junto con su Pastor Rockel, llevada también de un celo enorme porque los ciudadanos extranjeros recibieran la grata noticia de Jesucristo, pone una dependencia a disposición de José Antonio Martínez. Desde entonces, la relación con esta iglesia alemana ha sido excelente, por lo que se estará siempre muy agradecido. La iglesia hispana muestra su gratitud en el presente con una ofrenda monetaria.

Así comienza las reuniones que iban rápidamente a sucederse cada domingo en forma de culto, y así continúa hasta la fecha al cumplirse el sesenta aniversario.

Colaborador de la MSOE

Seis años pasará Martínez predicando en la iglesia, celebrando cultos, exponiendo días positivas y proyección de películas de contenido cristiano en residencias de españoles y casas prividas, a la vez que recibe apoyo de Enrique Rebull, misionero de la *Mission für Süd-Ost-Europa* (MSOE). Éste retorna a España en 1971 y el director de la Misión, Ernst Fehler, asesorado por el misionero Francisco Robles, le pide a Martínez que colabore con ellos. Acepta y es ordenado, pasando a ser misionero a pleno tiempo. La agencia misionera *Deutsche Missionsgemeinschaft* (DMG) apoya también este ministerio, según informa el propio Pastor Martínez en un número de la revista de la MSOE de 1975.

Mission für Süd-Ost-Europa

A la MSOE no le mueve ningún motivo mezquino, sino seguir el llamamiento que la Evangelische Allianz Deutschland le hace de servir a los *Gastarbeiter* (trabajadores de los países europeos llegados a Alemania) para que el evangelio de Jesucristo llegue a los emigrantes. En palabras de su entonces Director Ernst Fehler en 1973: «¿Vimos en nuestros conciudadanos extranjeros a personas que fueron enviadas a nuestro país por Dios? ¿Reconocimos el desafío de dar testimonio de lo más importante además de los bienes materiales, es decir, la salvación en Jesucristo?» Todo esfuerzo era válido para los queridos cristianos alemanes por el bien de los extranjeros en general y los españoles en particular. Valga solo un par de datos que reflejan el sano deseo que les mueve unido a su generosidad: En 1966 la MSOE se vale de un directorio con 300 direcciones a las que enviar mensualmente literatura cristiana; solo para el año 1974 se reparten más de 200.000 calendarios, entre ellos en español, financiados por donaciones privadas de cristianos alemanes. Estos celosos cristianos alemanes tuvieron un protagonismo esencial en la extensión del conocimiento del evangelio de Jesucristo entre los españoles en Alemania durante la década de los sesenta y setenta del siglo pasado. Cumplían funciones de colportorado (llevando Biblias y literatura cristiana a las residencias – *Wohnheime* – de hombres), invitando y traslandando en sus propios vehículos a los españoles a los lugares de culto o incluso alquilando buses. El interés y la curiosidad entre los españoles por conocer a los que ellos llamaban «protestantes» era notable. Las reuniones en Duisburgo llegaban incluso a las 200 personas.

Labor Pastoral

En calidad de misionero, las funciones pastorales de Martínez se amplían considerablemente. Junto a los servicios religiosos de los domingos en Duisburgo, apoyará a las comunidades de Opladen, Langenfeld, Oberhausen y Remscheid. Los cursos bíblicos por correspondencia, muy bien aceptados, le ocupará buena parte de su tiempo. Su labor diaconal aumenta con visitas a enfermos en los hospitales, asistencia y traducción a compatriotas españoles en las administraciones públicas entre otros servicios. Funciones todas que son recibidas con gran interés por una ciudadanía española atraída también por el mensaje del Evangelio. El Pastor José Antonio Martínez cesa su ministerio al jubilarse en 1983.

Natanael Frugoni (1983-1986)

El joven Natanael Frugoni, formado teológicamente en el seminario evangélico de Sankt Chrischona (Suiza) y bajo el llamamiento de la Mission für Süd-Ost-Europa, asume las responsabilidades de su predecesor José Antonio Martínez y le suma a la iglesia un crecimiento notorio de jóvenes. De tal manera, que la iglesia se ve obligada a comprar una furgoneta para poderlos trasladar a las reuniones de jóvenes de lo sábados, a los servicios religiosos los domingos y para cumplir con las necesidades que este ministerio imponía. El despertar espiritual de estos jóvenes suscita vocaciones y varios de ellos deciden estudiar teología, preparándose así para el ministerio pastoral. El Pastor Frugoni apoya los grupos existentes en Oberhausen, Opladen y Remscheid. La iglesia en Duisburgo avanza, consolidándose con una asistencia a los servicios religiosos dominicales de unas 50 personas.

Pastor Natanael Frugoni con su famila

El Pastor Frugoni había concertado con la MSOE que su ministerio pastoral en Duisburgo duraría hasta la llegada de su sucesor, Félix González.

Félix González (1986-1993)

El joven Félix González, acabado sus años de estudios teológicos en Sankt Chrischona (Suiza), y en común acuerdo con la Mission für Süd-Ost-Europa, sucede a Frugoni, y toma la responsabilidad pastoral de la iglesia en Duisburgo. Con el curso y membresía de la iglesia consolidada, es de destacar en el tiempo del pastorado de Félix González la adhesión de la iglesia a la Evangelisch-Freikirchliche Gemeinde, de esta forma llega a gozar de personalidad jurídica. Unos cuarenta miembros deciden registrarse como miembros de la iglesia alemana. Corría el final de los años 80 del siglo pasado. La iglesia española goza de una total autonomía en lo administrativo, doctrinal y litúrgico. Se origina así un modelo más de convivencia de una iglesia extranjera en una alemana.

Consolidación y multiplicación

A la iglesia se siguen sumando nuevas personas que pasan por la experiencia de la conversión, como es la familia González de

Pastor Félix González con su esposa Rosa

Rheinhausen, cuyo hijo Antonio es actualmente misionero de la *Allianz-Mission* alemana en Roquetas de Mar, Almería, España, y continúa siendo apoyado económicamente por la iglesia de Duisburgo cada mes desde hace más de treinta años. Antonio informa en una circular del 23 de mayo de 2024 sobre el cordial encuentro celebrado con el obispo católico de Almería, Antonio Gómez Cantero, con objeto de acordar el uso de la capilla de los hospitales estatales, así como el desempeño de la pastoral en los mismos.

Essen, donde residían unos 2.000 españoles, es un nuevo destino al que se va Félix González para visitarlos y llevarles literatura cristiana (Biblias, tratados, calendarios). La iglesia es cada vez más conocida entre los españoles: Uno de los jefes de la Agregaduría Laboral de la Embajada Española en Bonn, pide al Pastor González que le haga llegar a él personalmente un ejemplar de la revista *Juventud Evangélica en Alemania* (JEA) – fundanda en 1982 –, que en aquel tiempo se editaba en Duisburgo, así como un ejemplar para el archivo de la Embajada, «porque era lo único escrito que habían producido los españoles en Alemania hasta aquella fecha», afirmaba aquel señor. Era finales de los años ochenta.

Retorno

Las iglesias de Oberhausen y Opladen se disolvieron porque sus líderes marcharon a España. Y la iglesia de Remscheid no requería ayuda de Duisburgo porque se había provisto por la iglesia bautista alemana de allí de un pastor a pleno tiempo, Zorno primeramente y Conrado Grandville después.

La asistencia al grupo hispano de Remscheid de dos días por semana la reiniciará el Pastor José Manuel González durante sus últimos 26 años de ministerio.

Félix González termina su ministerio en Duisburgo en el año 1993 para trasladarse a pastorear una iglesia en Elche (España). Su sucesor es Eduardo Tarón, argentino. Por incompantibilidad doctrinal con la MSOE rompe su colaboración con MSOE y la plaza en Duisburgo queda vancante. Así pasarán dos años.

En este tiempo, José Antonio Martínez, hijo, más conocido como Pepe, y su esposa Sally, desempeñan un importante papel en los servicios de la iglesia, así como entre los jóvenes de las iglesias española y alemana. Ellos siguen siendo hasta la presente una importante columna en los servicios de esta iglesia hispana.

José Manuel González (1995-2022)

José Manuel González (hermano de Félix González), que ya sirvió como misionero de la MSOE entre los años 1986-1989 a las iglesias españolas de Mannheim, Darmstadt y Fráncfort del Meno, es llamado a colaborar con la MSOE, esta vez como pastor de la iglesia española en Duisburgo.

Afluencia internacional

Contra todo pronóstico, ante el decreciente número de emigrantes españoles en Alemania, que retornan a la patria entrados en la jubilación y otros animados por la bonanza económica del país español a finales de los años noventa del siglo pasado, el número se va sustituyendo por la afluencia de ciudadanos sudamericanos. Con ellos llega un buen número de evangélicos, que hará crecer a la iglesia notoriamente. Tan solo el número de los ecuatorianos, que asistían durante años a los estudios bíblicos y oración de los miércoles, superaba los treinta. Como una foto del Boletín Informativo de la iglesia, Nr. 287, de mayo-agosto de 2022 recoge (ver foto en la página 63), el número de los asistentes a la iglesia llegó a ascender a más de una centena de personas de todas las edades y de más de veinte naciones distintas: Alemania, Argentina, Bolivia, Brasil, Chile, China, Colombia, Costa Rica, Croacia, Cuba, Ecuador, España, Estados Unidos, Honduras, Kosovo, México, Paraguay, Perú, República Dominicana, Rumanía, Rusia, Venezuela, y reunían a un considerable número de denominaciones evangélicas: Adventistas, Anglicanos, Bautistas, Carismáticos, Cuáqueros, Evangélicos alemanes, Metodistas, Pentecostales y Presbiterianos, así como a respetuosos asistentes que aun siendo de confesión distinta (católicos, ortodoxos) les agradaba asisitir a los servicios religiosos y compartir con la iglesia responsabilidades en el área diaconal.

El número de personas sudamericanas que integran la membresía de la iglesia llega a superar al de los españoles, y se decide por ello ajustar el nombre de *Iglesia Cristiana Evangélica* por el de *Iglesia Evangélica de Habla Hispana*.

Organización

La iglesia se organiza en unas 19 diaconías o áreas de servicio para su administración y asistencia a los necesitados: Se crea un ropero para recogida y entrega gratuita de ropa; los asistentes a los cultos aportan alimentos al Kilito de Amor, para su reparto a necesitados de la iglesia y fuera de ella; la iglesia se muestra generosa a los llamamientos que se hacen para recaudar dinero y ayudar, no solo a los miembros y allegados de la iglesia, sino también para

Pastor José Manuel González con su esposa Loida

atender a personas necesitadas en otros países. Lo recaudado en el bistró tras los cultos, se envía a partes iguales a *Kindernothilfe e.V.* y *Friedensdorf International e.V.*; la fiesta de navidad es una ocasión que se aprovecha para enviar la ofrenda recogida a alguna institución de ayuda infantil en el extranjero, así como la rifa de la cesta de navidad, cuya recaudación, junto a lo generado por el bazar durante el año, tienen como finalidad la caja Dorcas para ayudar a necesitados de la iglesia y fuera de ella.

Ministerios Foráneos

La iglesia se incorpora al *Internationaler Kirchenkonvent* (IKK) organización originada por la *Evangelische Kirche im Rheinland* (EKiR) para la integración y colaboración fraternal con las iglesias evangélicas extranjeras. Con este motivo, se crea la organización *Internationaler Kirchenkonvent Duisburg* (IKK DU), y el Pastor José

Manuel González es elegido su presidente. Esto hace que la iglesia sea aún más conocida socialmente al entrar a participar en instituciones y eventos diversos: Por la celebración de cultos internacionales una vez al año, con participación de la iglesia evangélica alemana (*Landeskirche*); mediante la *Runde Tisch der Religionen*, convocada por el Alcalde de Duisburgo, el sr. Sören Link, para la paz social; por al *Arbeitsgemeinschaft Christlicher Kirchen* (ACK), para la fraternidad entre confesiones cristianas y celebraciones diversas, como el culto anual por los muertos sin atención familiar o anónimamente sepultados (*Gottesdienst für die Unbedachten*); mediante la asistencia a las diversas convocaciones por parte de la iglesia evangélica alemana (Landeskirche) y la católica, como por ejemplo en el *Neujahrsempfang*, o la invitación del alcalde a la celebración anual en las dependencias del ayuntamiento con motivo del día de la unidad alemana (3 de octubre, *Tag der Deutschen Einheit*).

Crisis

La crisis económica del 2005 en Alemania forzó el cierre de cierto número de agencias misioneras. La MSOE se vio obligada a solicitar de sus colaboradores que se proporcionaran un «círculo de amigos» para que le apoyaran financieramente, a lo que la iglesia respondió con generosidad aumentando desde entonces sus donativos a la MSOE en más de mil euros mensuales.

La naturaleza propia del extranjero como persona en tránsito hacía que el número de membresía fluctuara imprevisiblemente. Pese a ello, la iglesia gozaba de una membresía estable, aunque sus miembros vivían repartidos en una geografía de más de 50 kilómetros, desde Kevelaer hasta Viersen. No obstante, era muy común saludar en los cultos dominicales a nuevas personas.

Junto con la predicación del Evangelio, la actividad diaconal aumentó notoriamente con la crisis financiera del 2008, cuando españoles y emigrados a España llegaron a Alemania en busca de trabajo.

Perfil Social

Con los años, la iglesia fue ganando un perfil social, sin aburguesamiento presuntuoso, compuesto de cantantes de ópera, dentistas, ingenieros, maestros de escuela, médicos, oficios diversos, pequeños empresarios,teólogos (Anabel Cantú Flores Reimann, Ralf Peter Reimann, Heriberto Poganatz), quienes también predicaban en caso de ausencia del Pastor José Manuel González. Los cultos son visitados por personas de toda condición social, incluidos prostitutas de la calle contigua al local de la iglesia. La liturgia de la iglesia se adapta en el más exquisito respeto a la pluralidad denominacional que la compone y a la iglesia evangélica alemana oficial al seguir el calendario eclesiástico, dando como resultado cultos avivados y de profundo calado espiritual.

Las necesidades espirituales de la iglesia son atendidas dominicalmente, junto con los cultos, mediante la Escuela Dominical para niños, jovencitos y jóvenes, así como con los encuentros entre semana de estudio bíblico y oración en la iglesia y en los hogares (Duisburgo, Mülheim an der Ruhr, Gelsenkirchen). Dos intentos para la celebración periódica de reuniones de jóvenes quedaron frustrados tras diversos encuentros, sobre todo debido a las distancias geográficas de sus asistentes.

La pandemia de covid-19 de los años 2020 al 2022 hizo mella en el fluir de la vida de la iglesia, coinciendo con la jubilación del Pastor, la marcha de algunos miembros y la paralización de ciertos servicios (entre otros, el de la oración intercesora tras los cultos dominicales, las reuniones domésticas, cultos de oración y estudio bíblico).

Benjamín Álvarez (2022)

El Pastor Benjamín Álvarez (nacido en El Salvador) sucederá al Pastor José Manuel González, que pasa a la jubilación en julio de 2022. Este artículo acerca de la iglesia en su pasado acaba aquí. Ahora le toca en esta miscelánea escribir acerca del presente y la

Pastor Benjamín Álvarez con su esposa Lucy

perspectiva futura de la iglesia a su Pastor Benjamín Álvarez, por quien se agradece al Señor su ministerio.

* * *

DIE Geschichte der evangelischen spanischen Gemeinde in Duisburg lässt sich am besten anhand der Amtszeiten ihrer Pastoren gliedern.

José Antonio Martínez (1964-1983)

Im September 1964 kam José Antonio Martínez mit seiner Frau Trinidad García und seinen Kindern nach Duisburg. Sie kamen aus Argentinien, wohin José und Trinidad zuvor aus Spanien emigriert waren. Martínez war ein gebildeter Autodidakt, dessen tiefe Glaubenserfahrung ihn in Argentinien dazu brachte, auch auf Straßen und in Gefängnissen zu seinen Mitbürgern zu predigen.

In Duisburg bot ihm die *Evangelisch-Freikirchliche Gemeinde Duisburg-Mitte (Baptisten)* in der Juliusstraße einen Raum für Gemeindeaktivitäten, wohin er spanische Einwanderer einladen konnte. Die Gemeindeleitung unterstützte sein Engagement, was zu einer dauerhaften Beziehung beider Gemeinden führte.

Martínez widmete sich sechs Jahre ehrenamtlich dem Predigen und der Organisation von Aktivitäten wie Vorführungen christlicher Filme und Bibelstudien, dabei wurde er von der *Mission für Süd-Ost-Europa* (MSOE) und der *Deutschen Missionsgemeinschaft* (DMG) unterstützt. 1971 wurde er von der MSOE in den Vollzeitdienst berufen und als Pastor ordiniert.

Seine pastorale Tätigkeit umfasste die Unterstützung spanischer Gemeinden in verschiedenen Städten, die Durchführung von Bibelkursen per Korrespondenz und diakonische Dienste, wie Krankenhausbesuche und die Unterstützung seiner Landsleute bei Behördengängen.

José Antonio Martínez trat 1983 in den Ruhestand und hinterließ eine engagierte spanische Gemeinde in Duisburg.

Natanael Frugoni (1983-1986)

Natanael Frugoni, theologisch ausgebildet in Sankt Chrischona in der Schweiz, wurde 1983 als Pastor berufen. Unter seiner Leitung erlebte die Gemeinde ein deutliches Wachstum unter jungen Gemeindemitgliedern; einige begannen daraufhin ein Theologiestudium. Frugoni betreute zusätzlich Gemeinden in Oberhausen, Opladen und Remscheid.

Félix González (1986-1993)

Nach Abschluss des Theologiestudiums, ebenfalls in Sankt Chrischona, übernahm Félix González 1986 die pastorale Verantwortung für die Gemeinde. Während seiner Amtszeit schloss sich die spanische Gemeinde der deutschen Evangelisch-Freikirchlichen Gemeinde an, behielt aber ihre Eigenständigkeit. Unter seiner Leitung erlebte die Gemeinde ein deutliches Wachstum, gewann neue Mitglieder und festigte ihre Präsenz unter Spaniern im Ruhrgebiet. Er beendete seinen Dienst in Duisburg 1993, um eine Pfarrstelle in Spanien anzutreten.

José Manuel González (1995-2022)

Nach einer zweijährigen Vakanzzeit wurde José Manuel González, ein Bruder von Félix González, als Pastor der spanischen Gemeinde in Duisburg berufen. Trotz eines Rückgangs spanischer Emigranten in Deutschland verzeichnete die Gemeinde einen starken Zuwachs neuer Mitglieder, hauptsächlich aus Südamerika. Der Gottesdienstbesuch stieg auf bis zu 100 Personen an, die Gemeindeglieder kamen aus über zwanzig verschiedenen Nationen und waren in verschiedenen Denominationen beheimatet. Wegen der vielfältigen Zusammensetzung der Gemeindeglieder änderte die Gemeinde ihren Namen in *Iglesia Evangélica de Habla Hispana en Duisburgo* (Evangelische Gemeinde spanischer Sprache in Duisburg).

José Manuel González beteiligte sich aktiv am Internationalen Kirchenkonvent Duisburg, der die Integration und Zusammenarbeit zwischen fremdsprachigen evangelischen Kirchen förderte, und war dessen Vorsitzender. Die Wirtschaftskrise und die Finanzkrise zu Beginn des neuen Jahrtausends führten zu einem Anstieg der diakonischen Tätigkeit der Gemeinde. Während seiner Amtszeit entwickelte die Kirche ein vielfältiges und aktives soziales Profil und bürgerschaftliches Engagement (Beteiligung am Runden Tisch der Religionen in Duisburg); im Jahr 2022 ging er in den Ruhestand.

Benjamín Álvarez (ab 2022)

Mit Benjamín Álvarez, geboren in El Salvador, ist erstmalig ein Lateinamerikaner Pastor der Gemeinde.

2

IDENTIDAD TEOLÓGICA Y AUTOAFIRMACIÓN
THEOLOGISCHE IDENTITÄT UND SELBSTVERGEWISSERUNG

De | von Benjamín H. Álvarez Murcia

FRUTO de un coordinado esfuerzo de la Misión al Sud Este de Europa (*Mission für Süd-Ost-Europa*) y la Iglesia Evangélica Libre de Duisburgo Centro (*Evangelisch-Freikirchliche Gemeinde Duisburg-Mitte*), así como el llamado misionero del Pastor José Martínez y su familia desde Argentina a Alemania, nace esta iglesia en el *Ruhrgebiet* con el fin de alcanzar a los trabajadores españoles que se habían asentado en la región, allá por los años 60 del siglo pasado.

Somos parte de la iglesia universal de Cristo Jesús, con una mayoría de miembros con trasfondo migratorio, formando parte de la diáspora iberoamericana en esta nación de Alemania que nos ha acogido bajo muy diversas condiciones y que muchos hemos adoptado como nuestro nuevo hogar, al menos temporalmente.

Algunos hemos tenido un encuentro con Cristo Jesús en estas tierras extranjeras, habiendo depositado nuestra esperanza de salvación solo en él, en su muerte y resurrección que nos ha concedido perdón de pecados y nueva vida por la fe. Otros le conocíamos antes de llegar a Alemania y hemos buscado un lugar para congregarnos con otros creyentes en nuestra lengua hispana, que para muchos es la lengua materna.

Hemos encontrado una familia donde practicar y crecer en el amor que Cristo Jesús nos ordenó a través de su nuevo mandamiento en Juan 13:34-35: *Un mandamiento nuevo les doy: que se amen los unos a los otros. Como los he amado, ámense también ustedes los unos a los otros. En esto conocerán todos que son mis discípulos: si tienen amor los unos por los otros.*

Identidad y perspectiva

Nuestra identidad como iglesia de Cristo Jesús nos da, no solo perspectiva sino gran esperanza en medio de tiempos que para muchos son inciertos, especialmente de cara a la realidad postcristiana que vive el continente europeo. Exploremos a continuación algunas de las figuras de la iglesia que acentúan nuestra identidad y propósito en Cristo Jesús.

Iglesia como los «llamados fuera»

Salgamos pues a él, fuera del campamento, llevando su afrenta. Porque aquí no tenemos una ciudad permanente sino que buscamos la que ha de venir (Hebreos 13:13-14). Consciente del deterioro eclesial que se da en todo tiempo y en todas las épocas, tal como lo registra nuestro Señor Jesucristo mediante su Apóstol Juan cuando la iglesia contaba con poco más de medio siglo de existencia (Apocalipsis 2-3), pero también tal cual se deja ver en los registros históricos de la iglesia cristiana como una iglesia perseguida y en discuciones que fueron sentando bases doctrinales (siglos I-III), asociada al poder secular de turno (siglos IV-XV), reformada y en guerra interna (siglos XVI y XVII). Desde el siglo XVII y con el desarrollo de las diversas denominaciones evangélicas de las cuales surgieron movimientos sectarios de diversa índole (como hasta el día de hoy), se deja en claro lo fácil que es desviarse del llamado original de la *ekklesia*, de los llamados fuera (Hebreos 13), llamados a llevar el vituperio, los padecimientos de Cristo Jesús. Pero también llamados a ser luz en medio de las tinieblas que en todo tiempo están presentes y amenazan con debilitar al pueblo de Dios. Como iglesia (*ekklesia*) queremos marcar una diferencia, no hacernos al mundo (Romanos 12:1-2), sino ser un agente incansable de transformación social. *Por tanto, así ha dicho el SEÑOR: Si tú vuelves, yo te restauraré, y estarás de pie delante de mí; y si separas lo precioso de lo vil, serás mi portavoz. ¡Que ellos se vuelvan a ti; pero tú no te vuelvas a ellos!* (Jeremías 15:19). No es un camino fácil, es un camino de resistencia, de salir de los moldes humanos – y ahora humanistas – y ser transformados en nuestro entendimiento por la palabra de Dios como Jesús intercede por nosotros ante el Padre: *No ruego que los quites del mundo sino que los guardes del maligno. No son del mundo, como tampoco yo soy del mundo. Santifícalos en la verdad; tu palabra es verdad. Así como tú me enviaste al mundo, también yo los he enviado al mundo. Por ellos yo me santifico a mí mismo, para que ellos también sean santificados en la verdad* (Juan 17:15-19). Como tal iglesia, renunciamos a adaptarnos al mundo y sus modelos y nos comprometemos al llamado de ser sal y luz de la tierra (Mateo 5:14-16).

Iglesia como familia de Dios

Por lo tanto, ya no son extranjeros ni forasteros sino conciudadanos de los santos y miembros de la familia de Dios (Efesios 2:19). Nos acogemos bajo el cuidado amoroso y eterno de nuestro Padre celestial, quien por la fe en Cristo Jesús nos concedió la autoridad de ser llamados sus hijos habiendo nacido de Él por obra del Espíritu

Santo a una nueva vida (Juan 1:12; 3:7-8; Romanos 8:14). Por lo tanto, como hermanos en la fe, nos podemos comprometer al amor bajo los indivisibles lazos que nos unen, considerando a nuestros hermanos como superiores a nosotros mismos, dispuestos a servirnos por amor en la libertad con que Cristo nos hizo libres (Filipenses 2:13; 5:13).

Iglesia como viña del Señor

Como viña del Señor (Juan 15), comprendemos la magnitud de los procesos de crecimiento y disciplina con el fin de llevar fruto que glorifique al Padre. Nos reconocemos como incapaces sin la permanencia en Cristo Jesús y su palabra. Pero confesamos con humildad, bajo la soberana gracia de Dios, que todo lo podemos en Cristo que nos fortalece. Hay esperanza de llevar mucho fruto si permanecemos fieles a Cristo Jesús y su Palabra, esperanza de puertas abiertas a pesar de nuestra debilidad, mientras otros se desvían tras el engaño (Apocalipsis 3:7-8).

Iglesia como edificio de Dios y casa de Dios

Como piedras vivas (1 Pedro 2:4-5) somos edificados como casa espiritual y tenemos la esperanza y perspectiva de ofrecer sacrificios agradables al Señor, fruto de labios que confiesan Su nombre, pues es él quien nos ha salvado, todas nuestras obras son hechas por su mano (Isaías 26:12; Hebreos 4:10), es su gracia la que nos constituyó en su templo y su casa y nos garantiza su presencia en medio nuestro. ¡Por eso cantamos y celebramos su nombre!

Iglesia como rebaño del Señor

Cuidados bajo su mano nos movemos con libertad para disfrutar la vida abundante que nos ofrece el buen pastor y nos mantenemos alertas respecto al devorador (Juan 10:7-16; 1 Pedro 5:1-11). No dormiremos, sino velaremos y seremos sobrios, conscientes de las amenazas que nos rodean en este mundo y de los juicios del

Dios Altísimo, del Señor Jesucristo, sobre su iglesia, que es capaz de quitar el candelero de su lugar (1 Pedro 4:17; Apocalipsis 4:5).

Iglesia como pueblo de Dios

Avanzamos al premio del supremo llamamiento en Cristo Jesús, de ser semejantes a él no solo en su muerte, sino también en su resurrección, su victoria y su ministerio sacerdotal del cual nos hizo parte habiéndonos constituído como un pueblo de reyes y sacerdotes (1 Pedro 2:9-10 y Apocalipsis 1:6). Renunciamos a lo que impide el ejercicio de los dones dados por el Espíritu Santo y que han de ser ministrados por cada creyente. Tenemos la perspectiva de ser anunciadores de las virtudes de Dios no solo en palabra, sino mucho más mediante nuestra conducta y las obras que Dios preparó de antemano para que anduviésemos en ellas (Efesios 2:10).

Estas no son todas las figuras de la iglesia que la explican y le aclaran su propósito. Tiempo y espacio nos faltarían para seguir explorando esta fascinante entidad, que es parte del Reino de Dios que se acercó a nosotros desde hace dos mil años. Sobre la base de esta identidad, propósito y gloriosa perspectiva, sintetizamos a continuación y para concluir esta sección, nuestra visión, misión y estrategia para la Iglesia de habla hispana de Duisburg.

Visión, misión y estrategia

Visión

Como iglesia de Cristo Jesús, comisionados por nuestro Señor y Dios, Jesucristo, para ir y hacer discípulos a todas las naciones (Mateo 28:19-20), caminamos como sus aprendices amándonos los unos a los otros y llevando su esperanza al quebrantado y pobre en espíritu que elija por la fe la libertad y plenitud que hemos encontrado en el.

Jesús es nuestro Camino y estamos de paso en esta tierra como peregrinos y extranjeros, nuestro destino es la ciudad que tiene fundamento eterno, cuyo arquitecto es Dios, nuestro amado Padre celestial.

Misión

En nuestro caminar que a veces se torna sombrío, confiamos en Su Presencia con nosotros como ha prometido, nos alentamos mutuamente en amor y confiamos en la obra del Espíritu Santo en y a través de nosotros para que la familia de Dios crezca donde estamos y se fortalezca en la esperanza eterna.

Según las indicaciones de nuestro Señor Jesucristo, queremos ser parte de la misión de Dios entre las naciones tanto a nuestro alcance como en otras latitudes de la tierra, conscientes de nuestra responsabilidad como miembros de este glorioso pueblo de reyes y sacerdotes esparcido alrededor del mundo y en todas las épocas desde la redención en Cristo Jesús hace dos mil años.

Estrategia

La estrategia para alcanzar nuestra misión se resume en ayudar a otros a encontrarse con Jesús (ven a ver, Juan 1:39) y la nueva familia en la fe, alentarles a ser edificados (ven y permanece con Jesús, Marcos 3:14) en su verdad y prepararlos para que el Espíritu Santo les envíe (Jesús y su espíritu te envía a alcanzar a otros, Marcos 3:14; Hechos 13:3-4) en su tiempo y forma. Encuentro, edificación y envío es nuestro estilo de vida y la tarea en la cual deseamos que Cristo Jesús nos encuentre ocupados cuando vuelva a venir.

Conclusión

Como iglesia de Cristo Jesús que está siendo edificada por Él mismo (Mateo 1 6:18), y cuya vida y avance no puede ser detenida ni por las mismas puertas de la muerte, nos regocijamos en la esperanza que no avergüenza y avanzamos por la fe en esta estupenda carrera, puestos los ojos en Cristo Jesús, que para ser exaltado primero caminó en obediencia y servicio (Hebreos 12:1-2). Así somos, así queremos vivir en plenitud de vida e irradiando e impartiendo esta vida durante nuestro paso por este mundo, como nuestro Maestro (1 Juan 2:6).

* * *

DIE Gemeinde bezeugt die Hoffnung von Jesus Christus in einer postchristlichen europäischen Realität. Verschiedene biblische Bilder verdeutlichen ihre Identität:

- **Kirche als die „Herausgerufenen"** (Hebräer 13:13-14): Die Kirche soll sich vom weltlichen System unterscheiden und Licht in der Dunkelheit sein.

- **Kirche als Familie Gottes** (Epheser 2:19): Mitglieder der Kirche sind durch den Glauben an Jesus Christus zu Kindern Gottes geworden und sollen einander und der Welt in Liebe und Freiheit dienen.

- **Kirche als Weinberg des Herrn** (Johannes 15): Die Kirche ist abhängig von Jesus Christus und trägt Frucht durch seine Kraft.

- **Kirche als Gebäude Gottes** (1. Petrus 2:4-5): Als lebendige Steine werden die Mitglieder der Gemeinde zu einem geistlichen Haus aufgebaut.

- **Kirche als Herde des Herrn** (Johannes 10:7-16, 1. Petrus 5:1-11): Die Kirche wird vom guten Hirten, Jesus Christus, geleitet und beschützt.

- **Kirche als Volk Gottes** (1. Petrus 2:9-10): Die Mitglieder sind auserwählt, um Gottes Heilstaten zu verkündigen und diese in guten Werken sichtbar werden zu lassen.

Die Aufgabe der Kirche ist es, Menschen zu Jüngern zu machen und Hoffnung zu verbreiten. Die Mission umfasst das Vertrauen auf Gottes Gegenwart, gegenseitige Ermutigung und die Verkündigung des Evangeliums. Dabei legt die Gemeinde Zeugnis ab und verkündet das Evangelium. Die spanischsprachige Gemeinde in Duisburg lebt in dieser Hoffnung auf Jesus Christus und verfolgt ihre Mission mit Hingabe und Freude.

3

La diversidad denominacional dentro de la iglesia
Die denominationelle Vielfalt innerhalb der Gemeinde

De | *von Anabel Cantú Flores Reimann*

«¡Estas son las mañanitas que cantamos para ti…!»

«Hay una iglesia de habla hispana en Duisburgo», anunció mi esposo a finales de 1998 tras mudarnos de Bonn a Mülheim an der Ruhr, cuando un colega le informó sobre la iglesia española allí. Inicialmente, mis reservas teológicas y denominacionales me impidieron disfrutar de la fraternidad con los hispanohablantes en Duisburgo por casi dos años. Mi deseo de congregarme se había visto afectado por cismas, hermenéuticas machistas y rivalidades entre iglesias evangélicas, en particular entre una iglesia Bautista conservadora y nuestra iglesia Presbiteriana en México. Además buscábamos integrarnos en la iglesia alemana local por razones prácticas. Sin embargo, un encuentro telefónico en 2000 con el Pastor José Manuel González derrumbó mis reservas y me abrió a una experiencia de convivencia y adoración más libre y auténtica con otros cristianos hispanohablantes en la zona del Ruhr. Los caminos migratorios de los miembros de la iglesia, algunos huyendo de conflictos en Centroamérica y violencia en Perú y México, o buscando nuevas oportunidades por estudios, trabajo, matrimonios biculturales, o crisis económicas, como los «Gastarbeiter» de los 60 del siglo pasado, o las recientes crisis de construcción y financieras, han sido catalizadores de una vida eclesiástica que supera diferencias sociales y denominacionales, permitiéndonos adorar en «espíritu y en verdad». La diversidad de nuestras historias personales desde «la marginalidad»[1] ha desafiado las estructuras de poder eclesiásticas tradicionales y ha relativizado los lazos previos de los miembros con sus iglesias denominadas «nacionales».[2] Ahora celebramos 60 años de vida en Alemania como iglesia, basados en la alegría y la libertad de la comunicación y adoración cristianas en español. ¡Feliz cumpleaños!

«De Wittenberg a España, Latinoamérica y de regreso a Duisburgo»

Contrario a la herencia misionera de las denominaciones al fundarse iglesias «protestantes», como se les designó negativamente en varios países hispanos de mayoría católica, la iglesia de Duisburgo ha permanecido al margen de estas divisiones teológicas que invariablemente e involuntariamente caracterizaron a las

---

[1]Terminología según Michail M. Bachtin, crítico ruso que vivió de 1895 a 1975, y que desarrolló teorías innovadoras sobre la intertextualidad, dialogicidad y marginalidad dentro de los textos literarios.

[2]En México, por ejemplo, con el aumento del anticlericalismo desde las Leyes de Reforma en 1859 y la revolución de 1910, el gobierno amenazó con expropiar los terrenos de todo tipo de iglesias a nombre de extranjeros. De ahí que hubo que nombrar las iglesias no sólo evangélicas sino también «nacionales».

minorías evangélicas de las «iglesias madres» en los países hispanohablantes sin entender al mismo tiempo, y de forma paradójica, las razones políticas y económicas detrás de la Reforma en Europa, simbolizada por Wittenberg, donde Martín Lutero inició la Reforma.[3]

Los orígenes humildes y las necesidades reales de los trabajadores españoles inmigrantes en Alemania, sin intervenciones de organizaciones misioneras extranjeras, cambiaron la dinámica anterior de la fundación de iglesias protestantes tradicionales: En 1964, la iglesia hispanohablante de Duisburgo fue fundada por trabajadores españoles, la mayoría convertidos a través de la obra misionera de los hermanos José y Trini Martínez, quienes inicialmente provenían de raíces católicas en España y, tras su conversión evangélica en 1957 como inmigrantes en Argentina, primero de una línea bautista y después de las Asambleas de Hermanos. Coincidentalmente, dos grupos cristianos alemanes apoyaron la obra misionera de los hermanos Martínez: La Misión para el Sudeste de Europa (*Mission für Süd-Ost-Europa*, MSOE) y la iglesia bautista (*Evangelisch-Freikirchliche Gemeinde*) de Duisburgo quien abrió generosamente sus puertas a este grupo de

---

[3]Tomando el ejemplo de México se puede ver este fenómeno denominacional más claramente. El plan de Cincinnati en Estados Unidos en 1914 que surgió del encuentro de la Conferencia Misionera Mundial en Edimburgo en 1910, donde asistieron 1200 delegados de diferentes iglesias y organizaciones misioneras, literalmente dividió el territorio mexicano entre los metodistas al norte, los bautistas al centro y los presbiterianos al sur. Este plan buscaba la fundación de las iglesias evangélicas en México, respetando al mismo tiempo las zonas de influencia y trabajo de las diferentes organizaciones y denominaciones extranjeras. Pero aquello que en su tiempo fue visto con buena intención y que fundó sociológicamente hablando a una clase media trepadora en el protestantismo mexicano e inclusive contribuyó a las traducciones del texto bíblico entre los indígenas, desgraciadamente no respetó la labor de los evangélicos mexicanos, imponiendo planes externos y ajenos a su realidad y fomentó, sin tener todavía el «horizonte» filosófico de la crítica postcolonialista, una división denominacional artificial e ignorante de la Reforma en Europa. Muchas iglesias evangélicas fueron creciendo aisladas de su contexto cultural, fundamentalistas en su moral «no tomar, no bailar» y más «noes» y desconociendo sus orígenes teológicos, generando divisiones innecesarias y lealtades más a las instituciones extranjeras y menos solidaridad entre las iglesias protestantes mexicanas.

inmigrantes cristianos españoles, cimentando así un carácter más bautista, pero tolerante, con su bautismo por inmersión y un gobierno más independiente y local de la iglesia hispana de Duisburgo.

De los «broches» a las «arepas»

En Duisburgo, la diversidad denominacional coincidió más bien con la ola de inmigración latinoamericana e internacional que comenzó a finales del siglo pasado y ha continuado este cuarto de siglo. La iglesia pasó de no sólo ser «hispana» sino «hispano-hablante» con hermanos llegando de Argentina, Bolivia, Brasil, Chile, Colombia, Costa Rica, Cuba, Ecuador, España, Honduras, México, Paraguay, Perú, República Dominicana, Venezuela, así como de Alemania, China, Croacia, Estados Unidos, Kosovo, Rumanía y Rusia. Esta globalización mundial trajo consigo a nuestra iglesia a Adventistas, Anglicanos, Bautistas, Presbiterianos, cristianos interdenominacionales de carácter más carismático, Católicos, Evangélicos alemanes libres y de la iglesia estatal (*Landeskirche*), Ortodoxos, Cuáqueros, Pentecostales, miembros de grupos interdenominacionales estudiantiles y Metodistas. A este cúmulo de denominaciones y culturas, se agrega la bendición de contar también con pastores y predicadores, tanto hombres como mujeres, pertenecientes a diversas instituciones como las iglesias libres en Alemania (*Freie evangelische Gemeinde*, FeG), la *Allianz-Mission*, la iglesia estatal (*Landeskirche*), la Iglesia Nacional Presbiteriana de México, la Iglesia Bautista Reformada, la *Kontaktmission* y la Iglesia Evangélica del Salvador y Guatemala. Esta diversidad de confesiones, que comenzó con los sincretismos humildes de los « broches» (como españolización de los «Brötchen» alemanes), ha culminado en la riqueza de la globalización en las arepas venezolanas y los tacos mexicanos. Como decía Santa Teresa de Jesús: «Dios anda entre las cazuelas», y a pesar de la diversidad de recetas e ingredientes, el menú cristiano del mensaje de salvación sigue siendo el mismo y eterno.

Duisburgo como un prisma denominacional

La perspectiva externa

El papel que han desempeñado las denominaciones en la iglesia hispanohablante de Duisburgo ha sido de un enriquecimiento sociológico, cultural y teológico que ha generado desde su fundación, puentes de cooperación con diferentes instituciones como el *Internationale Kirchenkonvent* (IKK), con las iglesias internacionales en Duisburgo, con las iglesias hispanas en Alemania en la Conferencia de Orientación Espiritual (COE), y con la misma iglesia que nos sigue acogiendo en la Juliusstraße. Numerosos eventos dan testimonio de estos lazos fraternales como en los cultos de Pentecostés de la ciudad de Duisburgo, los cultos unidos y bilingües con nuestros vecinos bautistas, los conciertos musicales, los cultos de Navidad especialmente abiertos a familiares y amigos de diferentes iglesias y ciudades y durante la celebración del 50 aniversario de la iglesia y la despedida emotiva, por ejemplo, del Pastor José Manuel González tras 27 años y la instalación del Pastor Benjamín Álvarez en septiembre del 2022. Nuestra iglesia de migración ha adquirido un lugar de respeto y de cooperación mutua a través del diálogo interdenominacional en nuestra ciudad de Duisburgo y que opaca los orígenes misioneros paternalistas de Edimburgo de hace más de 100 años. Así mismo, nuestra iglesia se ha convertido en un motor de ayuda para gente necesitada a través de la caja Dorcas, de las traducciones oficiales del pastorado a migrantes recién llegados, la visita a niños recién operados traídos de zonas de guerra y separados de sus familiares o el «kilito de amor» para las comedores municipales y el apoyo a misioneros en España o en África, a niños de la calle en Brasil o a una iglesia destruida por el terremoto del 2017 en México. Las bendiciones que ha recibido nuestra iglesia a través de la diversidad interdenominacional conllevan responsabilidad y proveen al mismo tiempo la oportunidad de estrechar relaciones con diferentes confesiones cristianas, sincrónicamente hablando, y a través del tiempo, diacrónicamente hablando, con la Iglesia Universal.

La perspectiva interna

Relativizar diferencias

Desde el punto de vista interno del funcionamiento de nuestra iglesia, la variedad de las denominaciones transferidas ha contribuido, primeramente, a relativizar diferencias teológicas secundarias, a pesar de un potencial intrínseco divisorio, a favor de la alegría de la comunión entre hermanos de habla hispana en Alemania. Para algunos, la liturgia es quizás más conservadora y no «fluye» tan libremente la adoración. Para otros, los sermones contienen muchos ejemplos fuera del texto bíblico o son muy fundamentalistas. Para algunos, no debería haber mucha decoración navideña y para otros, todo es más escueto en nuestra iglesia. Para unos, el bautismo de infantes sigue siendo parte intrínseca de nuestra fe; para otros, el bautismo es un símbolo de una decisión consciente hecha después de un catecumenado. El diálogo sensible y franco entre los hermanos ha sido crucial en este camino.

Tolerancia

El segundo punto que la diversidad interdenominacional ha generado y que va muy ligado al primer punto es la tolerancia intercultural y sociológica de nuestros diferentes miembros. Hay hermanos prósperos o desempleados, con salud o enfermos, familias jóvenes o hermanos de edad, hermanos que vienen de iglesias históricas de tradiciones conservadoras y hay hermanos que vienen de grupos muy eclécticos y, sin embargo, a través del ágape y un pastorado y liderazgo sensible y tolerante, se ha creado un espacio para el encuentro intercultural, intergeneracional e interdenominacional. Celebramos y adoramos en una iglesia de migración fuera de centros de poder evangélicos con la herencia de la iglesia universal que también evolucionó del producto de olas migratorias humildes desde el primer siglo en el imperio romano, estableciéndose como una institución de poder político, económico y teológico a través de concilios y de los cambios políticos. Las denominaciones de nuestra iglesia son una fuente rica de conexiones históricas e internacionales que funcionan como un eslabón que va más allá de la geografía y el tiempo. El Evangelio no empezó de cero en la Duisburger Straße en Mülheim o en la Mülheimer Straße en Duisburgo y, por lo tanto, su mensaje no puede ser aislado o prepotente.

Una liturgia accesible

Como tercer punto, se puede observar que gracias a estructuras denominacionales ya cimentadas, se ha generado una liturgia sencilla pero hospitalaria para aquellos que se quieran integrar al culto cristiano en español. Los creyentes y los invitados por igual pueden unirse a cantar himnos y cantos, entender la lectura de los textos bíblicos leídos en español y alemán y escuchar sermones de formato corto. Principalmente se ha buscado que haya una participación activa de todos los hermanos a través de un predigrama mensual que organiza muchas de las actividades antes, durante y después del culto. Los hermanos que han ejercitado ya sus dones en sus iglesias de origen pueden adaptarse más fácilmente a la liturgia de nuestra iglesia y aquellos que comienzan su vida cristiana no tienden a sentirse fuera de lugar por un culto muy largo o muy intrusivo o muy carismático. Sin embargo, somos una «ecclesia reformata, semper reformanda» y siempre ha habido apertura para discutir sobre temas como la adoración, la liturgia e inclusive la hermenéutica bíblicas.

Un laboratorio de dones

Por último, la diversidad interdenominacional provee la oportunidad de que los hermanos practiquen sus dones de una manera más ordenada y específica en la vida diaria de la iglesia. La diaconía juega un papel muy importante en el Metodismo, y la caridad y ayuda social en hospitales, por ejemplo, se ha logrado a través de una hermana católica muy comprometida. La necesidad de un orden al estilo presbiteriano durante las sesiones del ministerio de coordinación ha resultado práctico y la alabanza durante el servicio ha sido energizada por el hermano José Martínez hijo, que ha puesto en práctica sus dones integrando durante años cantos antiguos y nuevos de diferentes tradiciones en un cancionero único nuestro. Hermanos de una tradición más pentecostal están integrando otras formas de adoración con pistas electrónicas mientras que otros buscamos darle continuidad a los himnos de antaño de las iglesias históricas y otros buscan una alabanza que refleje más nuestras raíces latinas. El ágape ha sido durante años especialidad de Sally Martínez y Loida Duet González quienes han hecho florecer, a través de un sinnúmero de eventos y cultos especiales, la vida social en nuestra iglesia hispana. Cada miembro del cuerpo detecta posibles necesidades, aporta soluciones y ayuda a prevenir problemas a través de sus experiencias eclesiásticas previas. Nuestra diversidad nos brinda la oportunidad de corregir caminos, de ajustar expectativas y de integrar nuevas ideas a nuestro culto y nuestra experiencia eclesiástica. La diversidad denominacional es el reconocimiento de nuestras diferencias en amor y con respeto y se convierte en un prisma que refleja los dones, por gracia de Dios, de todos los miembros de la iglesia en el camino de la santificación. Es el trabajo del Espíritu Santo en acción.

«El culto es fiesta»

La diversidad de denominaciones en un contexto de migración nos ha dado la oportunidad muy singular de gozar del futuro universal del Reino de Dios en el Aquí y Ahora en nuestra iglesia hispanohablante de Duisburgo. Varios de nosotros, miembros inscritos o asociados, hemos crecido y nos hemos socializado en diferentes iglesias cristianas con liturgias y teologías heterogéneas, y sin embargo, somos parte de un solo cuerpo en Cristo y por esto podemos celebrar nuestras diferencias y gozarnos en la Comunión de los Sacramentos y de la adoración por medio de una liturgia flexible. Celebramos también nuestra diversidad con el ágape que nunca puede faltar: con delicias culinarias internacionales al final de nuestros cultos y eventos especiales. Sí, como el pastor mexicano Salatiel Palomino lo plasmó en un título de un librito sobre liturgia cristiana «El culto es fiesta»[4]: nuestro culto en español de la zona del Ruhr en Alemania, es una fiesta evangélica intercultural, intergeneracional e interdenominacional y aquello que pudo ser un foco de disensión se ha convertido en una fuente de bendición.

$* * *$

Protestantische Vielfalt

„Es gibt eine spanischsprachige Gemeinde in Duisburg", erzählte mir mein Mann Ende 1998. Ich ließ mir aber zwei Jahre Zeit, bis ich Kontakt zur Gemeinde aufnahm, denn meine theologischen und konfessionellen Vorbehalte hinderten mich daran, die Gemeinschaft mit den spanischsprachigen Geschwistern in Duisburg zu suchen. Spaltungen und Rivalitäten zwischen evangelischen Kirchen, insbesondere zwischen einer konservativen Baptistenkirche und unserer presbyterianischen Kirche in meiner Heimat Mexiko, hielten mich ab, auf andere evangelische Konfessionen zuzugehen. In der Duisburger spanischsprachige Gemeinde lernte ich jedoch die Vielfalt schätzen. Die unterschiedlichen Lebensgeschichten der Gemeindeglieder – einige waren auf der Flucht vor Gewalt in ihrer Heimat, andere auf der Suche nach neuen Möglichkeiten, wieder

---

[4]Salatiel Palomino, El Culto es Fiesta. Notas en torno al Año Litúrgico, Publicaciones El Faro, Mexico D.F., 1988.

andere aufgrund von Eheschließungen nach Deutschland gekommen – überwanden soziale und konfessionelle Unterschiede. Die Vielfalt unserer persönlichen Geschichten hat die traditionellen kirchlichen Machtstrukturen herausgefordert. Die spanischsprachige Gemeinde stammt – um die Terminologie Michail M. Bachtins zu benutzen – aus der „Marginalität" der Migration, aber sie relativiert überkommene religiöse Verbindungen und Vorurteile sowohl aus den Heimatländern als auch aus Deutschland und entdeckt so eine neue Form von Gemeinschaft. So feiern wir jetzt 60 Jahre spanischsprachige Gemeinde in Deutschland und freuen uns, auf Spanisch Gottesdienst zu feiern und Gemeinschaft zu haben. Herzlichen Glückwunsch!

In Lateinamerika haben häufig ausländische – meist US-amerikanische – protestantische Missionswerke ihre konfessionelle Sicht ins Missionsgebiet gebracht. Beispielsweise teilten amerikanische Missionswerke Mexiko ohne irgendeine Beteiligung mexikanischer Kirchen in Gebiete auf, in denen die jeweiligen amerikanischen Denominationen ihre Gemeinden gründen sollten, so der Plan von Cincinnati. Lag eine Gemeinde einer anderen protestantischen Denomination in einem solchen Gebiet, sollte die Gemeinde ihre Konfession wechseln. Solcher innerprotestantischer Konfessionalismus kam zum Glück in der spanischsprachigen Gemeinde in Duisburg nicht vor; im Gegenteil, die realen Schwierigkeiten der Migranten in Deutschland führten zu einer evangelischen Identität. Die Gemeinde in Duisburg wurde 1964 von José und Trini Martínez unter spanischen Arbeitern gegründet. Beide schlossen sich nach ihrer Bekehrung in Argentinien zunächst einer baptistischen und später einer Brüdergemeinde an. Nach ihrer Auswanderung nach Deutschland unterstützten zwei christliche Gruppierungen ihre Arbeit: Die Mission für Süd-Ost-Europa (MSOE) und die Evangelisch-Freikirchliche Gemeinde in Duisburg-Mitte, die ihre Türen für die spanischen Gastarbeiter öffnete. Schon am Anfang der Gemeinde gab es verschiedene theologische Traditionen.

Von den „Broches" zu den „Arepas"

In Duisburg ergab sich Vielfalt vor allem durch die Einwanderung aus Lateinamerika. Die Kirche entwickelte sich von einer „spanischen" zu einer „spanischsprachigen" Gemeinde mit Mitgliedern aus Argentinien, Bolivien, Brasilien, Chile, Kolumbien, Costa Rica, Kuba, Ekuador, Spanien, Honduras, Mexiko, Paraguay, Peru, der Dominikanischen Republik, Venezuela sowie aus Deutschland und weiteren Ländern. Die Globalisierung brachte Adventisten, Anglikaner, Baptisten, Presbyterianer, Katholiken, Menschen aus Freikirchen und der Landeskirche, Orthodoxe, Quäker, Pfingstler und Methodisten in die Gemeinde. Diese Vielfalt der konfessionellen Prägungen wird auch dadurch unterstützt, dass es Pastoren und Predigerinnen und Prediger aus verschiedenen Traditionen – Freikirchen, Landeskirche, presbyterianischen und baptistischen Kirchen – gibt. Gab es früher „Broches" (so wurde das Wort „Brötchen" von der ersten Generation der Gastarbeiter auf Spanisch ausgesprochen) nach dem Gottesdienst, sind es dank Globalisierung nun auch venezolanische Arepas und mexikanische Tacos, die beim gemeinsamen Essen gereicht werden.

Die Gemeinde als ein konfessionelles Prisma

Die spanischsprachige Gemeinde in Duisburg ist auch in verschiedenen Zusammenschlüssen aktiv, die unterschiedlich geprägt sind: im Internationalen Kirchenkonvent (IKK), einem Zusammenschluss evangelischer internationaler Gemeinden und in der *Conferencia de Orientación Espiritual* (COE), einem Verband spanischer Gemeinden in Deutschland.

Auch innerhalb der Gemeinde hat man gelernt, theologische Traditionen nicht als trennend zu sehen. Dies drückt sich in einer einladenden Liturgie aus. Das gilt auch für die Musik, die die verschiedenen konfessionellen und auch kulturellen Stilrichtungen aufgreift, die von lateinamerikanischen Liedern über Worship-Musik zu traditionellen Kirchenliedern reicht.

Es gibt wohlhabende und arbeitslose Gemeindeglieder, Junge und Alte, Menschen mit unterschiedlichen politischen Ansichten. Im Feiern des Agape-Mahls wird ein Raum für interkulturelle und interkonfessionelle Begegnungen eröffnet.

„Der Gottesdienst ist ein Fest"

Die Vielfalt der Konfessionen im Migrationskontext ermöglicht es, das Reich Gottes im Hier und Jetzt zu erleben. Die Gemeinde ist Teil des Leibes Christi. Sie feiert ihre Vielfalt auch mit dem Abendmahl, dem sich oft ein Essen mit internationalen kulinarischen Köstlichkeiten anschließt. „Der Gottesdienst ist ein Fest," so der mexikanische Pastor Salatiel Palomino. Der spanischsprachige Gottesdienst im Ruhrgebiet ist ein evangelisches, interkulturelles, intergenerationales und interkonfessionelles Fest, das Unterschiede in Segnungen verwandelt.

4

Das Evangelium in der interkulturellen Begegnung
El Evangelio en el encuentro intercultural

Von | de Friedemann Wunderlich

IN Deutschland leben zurzeit Menschen aus allen Ländern der Erde. 28 Prozent der Gesamtbevölkerung in Deutschland sind Ausländer oder Deutsche mit Migrationshintergrund.[5]

Viele Sprachen, Kulturen und auch Religionen begegnen sich. Diese Wirklichkeit ist in vielen Gemeinden noch nicht angekommen. Der Wunsch, dass es nur „uns" in „unserer" Welt gibt, entzieht sich Gottes Plan und seinem Willen.

Die *Mission für Süd-Ost-Europa* (MSOE) hat Anfang der 1960er Jahre in der ersten Welle der Gastarbeiter aus Südost- und Südwesteuropa die Berufung erkannt, den Hundertausenden Gastarbeitern mit Wertschätzung zu begegnen und ihnen das Evangelium Gottes zu bringen. Dabei kam ein Kennzeichen des Missions-

---

[5]https://mediendienst-integration.de/migration/bevoelkerung.html.

werkes zum Tragen, das bereits bei der Gründung der Missionsbewegung 1903 zum Kennzeichen der Arbeit gehörte: Der Dienst in den einzelnen Volksgruppen soll durch einheimische Christen aus den jeweiligen Völkern geschehen. So begann dieser Dienst auch im Ruhrgebiet. Die spanischsprechende Gemeinde in Duisburg ist ein anschauliches Zeugnis, wie Menschen aus vielen unterschiedlichen Völkern gemeinsam in das Lob Gottes einstimmen können.

Die jahrzehntelange Erfahrung in der interkulturellen Begegnung der Kulturen ist ein Ansporn für alle Christen, den Auftrag Gottes zu leben. Wie begegnen Nachfolger Jesu Menschen aus anderen Kulturen? Die Antwort finden wir in einem alten Lied:

> Lobt den HERRN, alle Nationen!
> Rühmt ihn, alle Völker!
> Denn mächtig über uns ist seine Gnade!
> Die Wahrheit des HERRN währt ewig!
> Lobt den HERRN! *(Psalm 117)*

Das ist nicht irgendein Lied. Dieser kürzeste Psalm gehört zu den Liedern, die von den Juden anlässlich des Passahfestes gesungen wurden. So hat auch Jesus Christus in der Nacht, bevor er sein Leben am Kreuz auf Golgatha opferte, dieses Lied zusammen mit seinen Jüngern angestimmt.[6] Was für eine großartige Botschaft! Was für eine grenzenlose Liebe zu allen Menschen! Was für ein Blick in Gottes Herz! Was für eine Motivation und Verheißung für unsere Aufgabe in dieser Welt.

Wir begegnen allen Menschen einladend

„Lobt den HERRN alle Völker!" Das ist Gottes unmissverständliche Einladung an alle Menschen. Kein Christ darf sich der interkulturellen Begegnung verschließen. Gott, der HERR, lädt alle ein,

---

[6] Matthäus 26,30; der „Lobgesang" umfasste Psalm 115-118 und wurde zum Abschluss des Passahmahls gesungen.

weil er die Welt und jeden Menschen geschaffen hat.[7] Diese Einladung ist außergewöhnlich, weil alle Menschen Gott die Ehre gestohlen haben. Sie beanspruchen ihr Leben für sich selbst, obwohl es Gott gehört. Für niemanden gibt es eine akzeptierte Entschuldigung.[8] Weil wir Menschen Gott nicht ehren, hat er uns dahingegeben.[9] Es brennt lichterloh in unserer Welt. Alles ist der Hand des zornigen Gottes ausgeliefert. Jesus Christus wird in Macht und Herrlichkeit wiederkommen, um Gericht zu halten.[10] Die interkulturelle Begegnung hat für Christen deshalb immer einen ernsthaften Charakter. Es geht um Leben und Tod. Aber die Begegnung ist immer verbunden mit der Einladung Gottes an alle Menschen. Die Einladung ist ein Aufruf zur Buße und zur Umkehr.[11] Das Ziel dieser Einladung ist der Bau der Gemeinde des Herrn Jesus Christus weltweit. Das Gesicht der Gemeinde sind die Völker. Es gibt in Gottes Plan keine nationale Gemeinde, die ihr Leben nur auf die eigene Volksgruppe beschränkt. Gemeinde Jesu lebt mit offenen Türen und offenen Herzen für alle Menschen aus allen Völkern dieser Erde, weil Jesus Christus diese Einladung ausgesprochen hat. Es gibt keine Leitkultur, die das Leben einer Gemeinde bestimmen kann, sondern Gott, der HERR, regiert seine Gemeinde mit seinem heiligen Wort – überall und allezeit gleich.

Wir begegnen allen Menschen eindeutig

Das Thema in der interkulturellen Begegnung ist uns vorgegeben. „Gnade" und „Wahrheit" sind die von Gott vorgegebene inhaltliche Festlegung. Diese beiden Eigenschaften stehen für eine einzige Person im Universum: Jesus Christus.[12] Ganz egal, wem wir begegnen – wir reden über Jesus Christus. Gnade und Wahrheit

---

[7] Psalm 24,1.

[8] Römer 1,20.21.

[9] Römer 1,24.26.28

[10] Offenbarung 19,11-16.

[11] 2. Korinther 5,20.

[12] Johannes 1,14.

stehen für das Evangelium Gottes. Die Eindeutigkeit in unseren Worten entspringt der Bibel. Wir bezeugen den Herrn Jesus Christus so, wie er sich uns Menschen in seinem Wort offenbart hat. Die Bibel ist in allen Aussagen klar, eindeutig und wahrhaftig. Deshalb sprechen wir auch mit Menschen aus anderen Religionen und Weltanschauungen nicht allgemein über Gott und Welt, sondern geben Gottes Wort weiter. In den meisten Sprachen, die uns begegnen, gibt es bereits eine gute Übersetzung der Bibel.[13] Um das Evangelium Gottes eindeutig weiterzugeben ist in der interkulturellen Begegnung die Weitergabe der Bibel in der jeweiligen Sprache des Gegenübers eine unserer wesentlichen Aufgaben. Dabei ist es wichtig, dass wir zunächst einmal zuhören, um das Verständnis des anderen über „Gott" und sein jeweiliges Menschenbild kennenzulernen. Wir stellen sehr schnell fest, dass das Denken der Menschen aus den verschiedenen Völkern unterschiedlich geprägt ist. Es gibt scham- und schuldorientiertes Denken.[14] Das gilt es erst einmal zu entdecken, aufmerksam zuzuhören, um dann entsprechend Gottes Wort weiterzugeben. Einige Fragen können uns eine Hilfe sei, unser Gegenüber besser zu verstehen:

1. **Wie beeinflussen Ehre und Schamgefühl die Kultur?** Sind Menschen stärker schuldorientiert (weil sie ein Gesetz oder Norm übertreten haben) oder stärker schamorientiert (weil sie ihre Beziehung zur Gruppe verletzt haben)?

2. **Ist Gesichtsverlust ein wichtiges Konzept der Kultur?** Spielen Titel, Status, Alter, Würde, Gesichtswahrung eine große Rolle oder ist die Kultur stärker auf Gleichheit bedacht?

3. **Wem fühlen sich Menschen verantwortlich?** Sind Menschen stark individualistisch, bestimmen selbst und fühlen sich nur sich selbst und den eigenen Zielen verpflichtet?

---

[13] Bibeln in vielen Sprachen sind erhältlich bei https://www.orientierung-m.de und https://msoe.org.

[14] Im Rahmen dieses Artikels kann dieses wichtige Thema nur angedeutet werden und braucht Vertiefung.

Oder sind Menschen mehr gruppenorientiert und fühlen sich stark der Gruppe verpflichtet und richten ihre Entscheidung nach den Interessen und Zielen der Gruppe?

4. **Wie funktioniert Kommunikation in der Kultur?** Wird offen und direkt miteinander kommuniziert oder indirekt und zwischen den Zeilen? Oder über Dritte?

Das Evangelium Gottes ist die rettende Botschaft für Menschen aus allen Völkern. Die Bibel und unser Zeugnis brauchen keine Anpassung (Kontextualisierung) an die jeweilige Welt und deren Umstände, weil Gottes Wort Menschen in allen Kulturen abholt und anspricht.[15] Dabei muss uns klar sein, dass die Bibel den Anspruch erhebt in der interkulturellen Begegnung allen die absolute Wahrheit, die Wirklichkeit über den wahren und einzigen Gott, den Menschen in seiner totalen Verlorenheit und Gottes Plan der Erlösung zu offenbaren.[16]

Wir begegnen allen Menschen zielorientiert

„Lobt den HERRN!" Psalm 117 zeigt das Ziel der Einladung Gottes: Menschen aus allen Völkern sollen Gott, den HERRN, anbeten. Auch in der interkulturellen Begegnung stehen nicht Menschen im Mittelpunkt, sondern es geht um Gottes Mission, in seiner Welt und zu seiner Ehre. Wenn Gott in seiner Gnade es schenkt, dass wir in unseren Gemeinden erleben können, dass Menschen

---

[15] Ein wichtiges Kriterium ist die Frage nach der Ehre. Die Bibel beschreibt Menschen mit unterschiedlichen Kulturen und die Botschaft wird je nach Prägung unterschiedlich gehört. Ein Paradebeispiel ist Lukas 15,11-32, wo in schamorientierten Kulturen das Verhalten des Vaters gegenüber dem Sohn als unmöglich empfunden wird.

[16] Der missionarische Kalender „Leben", den die MSOE seit vielen Jahren in mehr als 30 verschiedenen Sprachen herausbringt, hat im Zentrum das Evangelium Gottes: *„Christus starb für unsere Sünden"*. Er richtet sich durch den Aufbau des Inhalts und die Auswahl der Bibelworte bewusst an Angehörige der verschiedenen Kulturen. Die ausgewählten Bibelworte behandeln deshalb im Blick auf das Evangelium die „Ehre" und die „Schuld".

aus verschiedenen Völkern das Evangelium Gottes angenommen haben, dann staunen wir, dass Gottes Einladung auch heute die Erfüllung der Verheißungen Gottes zeigt.[17] Wir sollten an allen Orten, wo wir leben, die Türen und Fenster unserer Gemeinden weit öffnen und die interkulturelle Begegnung suchen. Dabei begegnen wir allen Menschen einladend und mit großer Barmherzigkeit. Wir verfälschen das Evangelium Gottes nicht, verlieren uns auch nicht in überflüssigen Diskussionen, beteiligen uns nicht an Stammtischparolen, sondern wir treten auf als Zeugen Jesu.[18]

Das Lied Jesu in der Nacht – Psalm 117 – bewegt uns, herauszugehen, alle einzuladen und die Freude der weltweiten Gemeinde Jesu zu entdecken. Das hat die Spanisch sprechende Gemeinde in Duisburg als Segen Gottes erlebt.

* * *

EN Alemania, donde viven personas de todos los países y el 28 por ciento de la población está compuesta por extranjeros o personas con antecedentes migratorios, existe una diversa mezcla de lenguas, culturas y religiones. Muchas iglesias aún no han aceptado esta realidad de diversidad cultural. Sin embargo, es la voluntad de Dios que las iglesias se abran interculturalmente.

La *Mission für Süd-Ost-Europa* (MSOE) reconoció ya en la década de 1960 la importancia de acercar el Evangelio a los trabajadores invitados del sur y sureste de Europa, mediante cristianos nativos de cada grupo étnico que se dirigieran también a personas de sus mismas comunidades. Un ejemplo de esto es la iglesia hispanohablante en Duisburgo, que muestra cómo personas de diferentes orígenes alaban juntas a Dios.

El elogio a Dios por parte de personas de diferentes naciones se refleja en el Salmo 117, que invita a proclamar la gracia y la verdad de Dios. Este mensaje es universal y no necesita adaptación

---

[17] Offenbarung 5,9-10; 7,9-12.
[18] Apostelgeschichte 1,8.

a culturas específicas, ya que el Evangelio de Dios alcanza y habla a personas de todas las culturas. En el encuentro intercultural, la tarea de los cristianos es acercarse a todas las personas de manera abierta y acogedora, y primero apreciar su cultura para poder transmitir el Evangelio de manera clara y precisa.

5

Die Evangelische Gemeinde spanischer Sprache als lebendiges Beispiel für eine interkulturelle Gemeinde im Rheinland

La Iglesia Evangélica de Habla Hispana como un ejemplo vivo de una iglesia intercultural en Renania

Von | de Mike Lee und | y Markus Schaefer

Vielfalt als Kennzeichen der Kirche Jesu Christi

DIE Kirche Jesu Christi ist immer vielfältig: Schon der Apostel Paulus stellt im 1. Brief an die Gemeinde in Korinth fest: „Denn wie ein Leib einer ist und hat doch viele Glieder, alle Glieder des Leibes aber, obwohl sie viele sind, doch ein Leib sind: so auch Christus. … Denn auch der Leib ist nicht ein Glied, sondern viele" (1. Kor 12,12.14). Das gilt nicht nur für die einzelnen Christinnen und Christen in den Ortsgemeinden, sondern auch für die Kirche weltweit: Der globale Leib Christi besteht aus einzelnen Gemeinden und Kirchen in einer unglaublichen Vielfalt. Keine Kirche kann für sich beanspruchen, allein selig machend zu sein und die Kirche allein zu repräsentieren. Nur in der Vielfalt aller Glaubenstraditionen und Konfessionen kommt die Fülle der Kirche Jesu Christi zum Ausdruck. Das bedeutet einerseits eine Selbstbeschränkung: Als einzelne Gemeinde müssen wir akzeptzieren, dass andere Kirchen und Gemeinde Gott anders loben, anders beten, andere Lehren, Riten und Formen haben. All das ist Ausdruck einer historisch und kulturell notwendigen Vielfalt. So, wie das Ohr dem Bein auch nicht vorwerfen kann, nicht hören zu können. Andererseits bedeutet diese Vielfalt eine große Chance: Das Evangelium von Jesus Christus spricht Menschen in allen Weltgegenden, in verschiedenen Sprache und Kulturen zu allen Zeiten an. Kirche muss einig sein im Evangelium, aber nicht uniform. Die Gemeinde braucht, wo und wann auch immer, den *einen* Grund Jesus Christus, kann dann aber verschiedene Formen annehmen. Da gilt besonders für Gegenden, in denen verschiedenen Menschen unterschiedlicher Herkunft in Vielfalt zusammenleben, zum Beispiel in Duisburg und Umgebung. Dort ist es besonders die Aufgabe der Kirche, sie alle in ihrer Prägung und Sprache zu Jesus Christus einzuladen und glaubwürdig vom ihm Zeugnis zu geben.

Die spanischsprachige Gemeinde in Duisburg ist ein wunderbares Beispiel dafür, wie genau das gelingt. Seit 60 Jahren ist sie im besten Sinne eine Umsetzung von 1. Kor 12.

60 Jahre Evangelische Gemeinde spanischer Sprache in Duisburg: Bedeutung für Stadt und Region

Seit 60 Jahren finden Menschen aus Südamerika, Spanien und Deutschland in der evangelischen Gemeinde spanischer Sprache eine geistliche und soziale Heimat. Damit Menschen in einem fremden Land Heimat und Zugang zu ihren Mitmenschen bekommen, brauchen sie einen sicheren Ort, an dem sie Sprache und Kultur pflegen können. „Zwei Dinge wird man immer in seiner Muttersprache tun: zählen und beten.“ Integration und Verständigung kann nur den Menschen gelingen, die ein "Ruhekissen für die Seele“ haben. Solch ein Ort ist für Menschen aus Lateinamerika, Spanien und deren Familien, Freunde und Freundinnen die evangelische Gemeinde spanischer Sprache. Nicht in Abgrenzung vom deutschen Umfeld, sondern als Kraftquelle, um eine interkulturelle Identität aufbauen und leben zu können. Die Gemeinde übernimmt damit eine weitere, wichtige Aufgabe von Kirche: Diese soll „der Stadt Bestes suchen“ (Jer 29,7), den Schalom der Stadt, wie es im hebräischen Text an dieser Stelle heißt, d.h. ihr Wohlergehen, ihren Frieden und solidarischen Zusammenhalt. So leistet die evangelische Gemeinde spanischer Sprache einen wichtigen Dienst an der Gesellschaft. Sie fördert das friedliche Zusammenleben, die Integration und erweist die christliche Gemeinde gleichzeitig als einen Ort, an dem sich Vielfalt und Zusammenhalt beispielhaft ergänzen. Auch die Herkunftsgegenden der Gemeindeglieder in der evangelischen Gemeinde spanischer Sprache sind divers: Kolumbien ist nicht Aragon, Duisburg ist nicht Madrid. Auch in der Gemeinde selbst können unterschiedliche Gewohnheiten und kulturelle Hintergründe harmonieren. So wird christliche Gemeinde zu einem Hinweis auf das Reich Gottes, in dem sprachliche, kulturelle und nationale Unterschiede Menschen nicht länger entzweien und trennen.

Evangelische Gemeinde spanischer Sprache in Duisburg als Teil eines Netzwerks

Die evangelische Gemeinde spanischer Sprache ist nur *eine* von geschätzt 500 internationalen Gemeinden in Nordrhein-Westfalen. Sie ist als Teil am Leib Christi nicht für sich Kirche, sondern nur im Miteinander mit anderen Gemeinden. Ausdruck davon ist ihre langjährige Mitwirkung im *Internationalen Kirchenkonvent Rheinland-Westfalen* (IKK), einem Netzwerk im weitesten Sinne reformatorischer Kirchen aus aller Welt und den evangelischen Landeskirchen im Rheinland und von Westfalen. Die Mitgliedskirchen stehen in engem Austausch, feiern bei ihrer jährlichen Vollversammlung zusammen einen Abendmahlsgottesdienst, diskutieren gemeinsame Themen und treten für die vielfältige Verkündigung des Evangeliums ein. Sie lernen von- und miteinander. Die evangelische Gemeinde spanischer Sprache hat früh Teilnehmer in den sogenannten *KikK-Kurs* (Kirche im interkulturellen Kontext) entsandt. Sie ist reges Mitglied im IKK-Regionalkonvent Duisburg, hat sich an gemeinsamen Aktionen und Gottesdiensten beteiligt und Kontakt zu anderen internationalen Gemeinden gehalten, dabei hat sie auch in Konflikten vermittelt. Letztlich geschieht das alles in der Einsicht von 1. Kor 12: „Wenn ein Glied am Leib leidet, leiden alle Glieder mit, wenn ein Glied geehrt wird, so freuen sich alle Glieder mit" (1. Kor 12,26).

Evangelische Gemeinde spanischer Sprache: Bedeutung für die Entwicklung der Kirche im Rheinland

Die evangelische Gemeinde spanischer Sprache zeichnet sich auch durch ihre relative Unabhängigkeit von konfessionellen Prägungen aus. Deutsche landeskirchliche evangelische Gemeinden unterscheiden sich, zumindest offiziell immer noch nach ihrem Bekenntnisstand: Reformierte, unierte und lutherische Gemeinden finden in der Evangelischen Kirche im Rheinland zusammen. Lange gab es im Rheinland nicht selten an *einem* Ort *zwei* evangelische Gemeinden, die beide der evangelischen Kirche angehörten: eine reformierte und eine lutherische Kirche. Neben manchen Äußerlichkeiten wie der Ausstattung des Kirchraums oder dem Beffchen der Pfarrer*innen konnte man – offiziell – diesen Bekenntnisstand daran ablesen, welcher Katechismus im Konfirmandenunterricht benutzt wurde: der kleine Katechismus Martin Luthers, der Heidelberger Katechismus oder Fragen aus beiden bzw. aus einem Unionskatechismus. Einmal davon abgesehen, dass in kaum einer Gemeinde heute noch – wie Jahrhunderte üblich - der Katechismus auswendig gelernt wird, geschah darüber die Zuordnung zu einer bestimmten Tradition. Die spanischsprachige Gemeinde in Duisburg ist eine evangelische Gemeinde, d.h. auch sie orientiert sich an den Grundüberzeugungen der Reformation: dass Jesus Christus im Mittelpunkt steht, die Bibel die primäre Quelle des Evangeliums ist, dass unser Leben allein aus Gottes Gnade, nicht durch einige Leistungen gelingt und wir durch den Glauben Gemeinschaft mit Gott und untereinander haben. Darüber hinaus aber gibt es keine feste Glaubenslehre. Darin ist die spanischsprachige Gemeinde Vorbild, denn die feinen theologischen Unterschiede, die lange Jahrzehnte Traditionen und Denominationen abgegrenzt haben, sind immer weniger Menschen verständlich. Vielmehr geht es darum, die Einsichten der Reformation zeitgemäß zu bezeugen und zu leben. Wo das gelingt, braucht man sich um die Zukunft der (evangelischen) Kirchen keine Sorgen zu machen.

Evangelische Gemeinde spanischer Sprache: Bedeutung für zukünftige, interkulturelle Gemeinden

Die jahrzehntelangen Erfahrungen der Evangelische Gemeinde spanischer Sprache dienen den internationalen Gemeinden im IKK als eine wertvolle Ressource für die Gestaltung von interkulturell-ökumenischer Zusammenarbeit. Diese kommt insbesondere in der engen Zusammenarbeit zwischen der spanischen Gemeinde und der ortsansässigen *Evangelisch-Freikirchlichen Gemeinde* (EFG) Duisburg-Mitte zum Tragen, deren Teilgemeinde die spanische Gemeinde ist. So findet man auf der Webseite der EFG-Duisburg Gottesdienste zweisprachig (deutschsprachig/spanischsprachig) aufgelistet, ohne dabei zwischen den beiden Gemeinden zu differenzieren. [19] Das ist bemerkenswert, wenn man sich die vielen Landeskirchen vor Augen führt, die ihre Räumlichkeiten zwar an internationale Gemeinden vermieten, aber diese weder auf den Webseiten noch in den Gemeindebriefen erscheinen. Die EFG-Duisburg hat der Evangelischen Gemeinde spanischer Sprache die Möglichkeit eingeräumt, über eine „assoziierte Mitgliedschaft" alle Rechten und Pflichten der Freikirche auf die Mitglieder der spanischen Gemeinden zu übertragen. Hier wird exemplarisch veranschaulicht, was die Evangelische Kirche im Rheinland seit 2017 mit ihrem Beschluss zu neuen Gemeindeformen auf den Weg gebracht hat: Es besteht für internationale Gemeinde seither die Möglichkeit, über eine vereinbarte Assoziierung Teil der Landeskirche zu werden. Eine solche verbindliche Partnerschaft zwischen der Evangelisch-Freikirchlichen Gemeinde Duisburg-Mitte und der Evangelischen Gemeinde spanischer Sprache dient der Landeskirche als Inspiration für konkrete Umsetzungen. Von diesen Erfahrungen können internationale Gemeinden profitieren. Allerdings darf man bei allen strukturellen Innovationen nicht vergessen, dass es gewisser Schlüsselperso-

---

[19] http://www.efg-duisburg-mitte.de.

nen an strategisch zentralen Stellen bedarf, die mit Weitblick und Ausdauer die Gemeinde durch solche Prozesse begleiten. In diesem Zusammenhang sind die pastoralen Verdienste von Pastor José Manuel González besonders zu würdigen, der die spanische Gemeinde 27 Jahre treu begleitet hat. Als Pastor hat José Manuel González gute Kontakte nach außen gepflegt und so eine wichtige Rolle als Brückenbauer zwischen Freikirchen, Landeskirchen und internationalen Gemeinden im IKK gespielt. Er hat gezeigt, wie wichtig die aktive Beziehungspflege in der Ökumene ist und wie diese sich auf die interkulturelle Entwicklung einer Gemeinde auswirkt. An seinem Beispiel und am Beispiel der evangelischen Gemeinde spanischer Sprache werden sich Gemeinden aus unterschiedlichen Kontexten für eine fruchtbringende interkulturell-ökumenische Gemeinschaft und Zusammenarbeit orientieren können.

* * *

EN el 60° aniversario, se celebra a la Iglesia Evangélica de Habla Hispana en Duisburgo como un ejemplo vivo de una iglesia intercultural en Renania. La diversidad es una característica de la Iglesia de Jesucristo, como señala el apóstol Pablo en la primera carta a los Corintios: Diferentes miembros forman un solo cuerpo. Esto es válido en todo el mundo y muestra que la plenitud de la Iglesia de Jesucristo solo se expresa en la diversidad de todas las tradiciones y confesiones de fe.

La Iglesia Evangélica de Habla Hispana en Duisburgo ofrece desde hace 60 años un hogar espiritual y social a personas de Sudamérica, España y Alemania. Promueve la integración al proporcionar un lugar seguro para el idioma y la cultura, y al mismo tiempo contribuye a la identidad intercultural. La iglesia busca el bienestar de la ciudad y fomenta la cohesión social.

Como parte de una red de unas 500 iglesias internacionales en Renania del Norte-Westfalia, la iglesia de habla hispana trabaja estrechamente con otras iglesias. Su participación en el Convento

Internacional de Iglesias de Renania-Westfalia (Internationaler Kirchenkonvent Rheinland-Westfalen, IKK) muestra su papel en el intercambio y la proclamación conjunta del Evangelio.

La iglesia se distingue por su independencia de denominaciones confesionales y se orienta en las convicciones fundamentales de la Reforma. Su apertura y énfasis en la diversidad son ejemplares para la implementación contemporánea de los principios reformistas.

Sus experiencias y cooperación, especialmente con la *Iglesia Evangélica Libre de Duisburgo-Centro* (Evangelisch-Freikirchlich Gemeinde Duisburg-Mitte), sirven como un recurso valioso para la configuración de la cooperación intercultural y ecuménica. El pastor Jose Manuel Gonzalez, a través de su trabajo de muchos años, ha desempeñado un papel de constructor de puentes y ha guiado a la iglesia en procesos de integración y apertura intercultural. La Iglesia Evangélica de Habla Hispana sigue siendo un ejemplo inspirador de una comunidad intercultural y ecuménica fructífera.

6

Interkultureller Dialog in Duisburg – Zusammen leben
Diálogo intercultural en Duisburgo – vivir juntos

Von | de Sören Asmus

Die evangelische Gemeinde spanischer Sprache als Teil des kulturellen Reichtums in Duisburg

DIE Stadt Duisburg hat, wie andere Städte des Ruhrgebietes auch, immer schon eine Anziehungskraft auf Menschen aus verschiedenen Gegenden der Welt gehabt. Stahl, Kohle, der Binnenhafen sind einige Gründe, hierher zu kommen, aber auch Beziehungen und Kultur gehören dazu. In der Summe ist Duisburg zu einer superdiversen und postmigrantischen Stadt geworden. Beide Stichworte aus der Soziologie – Superdiversität und postmigrantisch – weisen auf eine Vielfalt hin, die selbst zu einer Rahmenbedingung des Lebens geworden ist.[20] Sie drücken aus, dass es nicht möglich ist, Menschen über einzelne Merkmale (Sprache, Herkunft, Lebenslage, Bildung) angemessen zu beschreiben, da keine dieser Merkmale die anderen zu bestimmen vermag: Wer im Reihenhaus mit Garten wohnt, kann trotzdem ein Migrationsgeschichte haben, Abitur und keine akademische Ausbildung, usw. Und nicht nur sind die Lebenswelten vielfältiger geworden, es gibt vor allem keine „Mehrheitsgesellschaft", in die sich die anderen zu integrieren hätten. Vielmehr sind alle „Angehörige von Minderheiten", die miteinander und in dieser Stadt klarkommen müssen.

Die evangelische Gemeinde spanischer Sprache ist dabei ein gutes Beispiel dieser Vielfalt: Gewiss, alle ihre Glieder haben die Gemeinsamkeit des evangelischen Glaubens, den sie in spanischer Sprache leben. Aber sie leben ihren Glauben z.T. auch in anderen Sprachen, ebenso wie ihren Alltag. Sie kommen aus verschiedenen Ländern und leben in unterschiedlichen Quartieren, mit verschiedenen Berufen, Hoffnungen usw. Sie ist Teil der evangelischen und christlichen Vielfalt in Duisburg, vernetzt nach außen und verbunden nach innen. Und sie wandelt sich mit ihren Mitgliedern und bleibt so lebendig. So ist sie gleichzeitig Beispiel und Teil des interkulturellen Dialogs in Duisburg.

¿Qué pasa? Interkultureller Dialog

Für alle, die sich fragen, was denn „interkultureller Dialog" sei, ist die evangelische Gemeinde spanischer Sprache ein hervorragendes Beispiel. Denn hier finden sehr unterschiedlich geprägte Menschen einen guten Weg, zusammen zu leben und eine Gemeinschaft zu bilden. Im Grunde ist „interkultureller Dialog" ein kompliziertes Wort für „Zusammenleben".

---

[20]Vgl. Steven Vertovec, Superdiversität – Migration und soziale Komplexität, Suhrkamp, Berlin 2024; sowie Naika Foroutan: Die postmigrantische Gesellschaft. Ein Versprechen der pluralen Demokratie. transcript, Bielefeld 2019.

„Kultur" ist ja die Art, wie wir gelernt haben, zu leben. Kultur ist also die Summe der Möglichkeiten, die mir zur Verfügung stehen, um mein Leben zu gestalten und zu bewältigen. Deshalb versteht der französische Philosoph François Jullien[21] Kultur auch als Ressourcen, die wir aktivieren und nutzen können. Daraus folgt, dass mit kultureller Vielfalt sich der Möglichkeitsraum weitet, das Leben zu gestalten.

Wer Spanisch und Deutsch beten kann, kann viel mehr vor Gott bringen, als diejenige, der nur eine Sprache zur Verfügung steht. Wer „evangelisch sein" als Merkmal einer Minderheit kennt, kann anders auf den gesellschaftlichen Wandel reagieren. Sie kann wahrscheinlich auch klarer ausdrücken, was sie „evangelisch" macht. Und gleichzeitig kann sie auch die Freiheit genießen, sich nicht gegen eine dominante Konfession behaupten zu müssen. Diese Möglichkeiten, das eigene Glaubensleben zu gestalten, können in der Begegnung mit anderen Christ*innen auch für diese zu einer Erweiterung der Lebensmöglichkeiten werden.

Dazu sind drei Elemente nötig: aktiv die Ressourcen der Kulturen pflegen und nutzen, die bestehende Vielfalt wahrnehmen und zulassen und schließlich in Beziehungen treten, um das Leben zu gestalten – zusammen zu leben.

Die evangelische Gemeinde spanischer Sprache ist ein Ort, kulturelle Ressourcen zu pflegen und zu nutzen.

Indem hier Menschen eben die spanische Sprache und ihre je eigene Frömmigkeit nutzen und sich dabei gegenseitig bereichern, erweitern sie auch die Möglichkeiten dessen, was es heißt, in Duisburg evangelisch zu sein. Gegen alle Wünsche von Assimilation und Uniformität bringen sie wichtige Aspekte der Universalität des christlichen Glaubens ein – als des einen Glaubens

---

[21] François Jullien: Es gibt keine kulturelle Identität. Wir verteidigen die Ressourcen einer Kultur. Aus dem Französischen übersetzt von Erwin Landrichter. Suhrkamp, Berlin 2017.

in vielen Gestalten. Gleichzeitig nutzen sie auch Ressourcen des deutschen Vereinswesens und der deutschsprachigen Kirchen, um ihrem Gemeindeleben Gestalt zu geben.

Die evangelische Gemeinde spanischer Sprache ist ein Ort, Vielfalt wahrzunehmen und zu leben.

Wer zur Gemeinde gehört, weiß und spürt, dass sie etwas besonderes ist. Allein schon, weil die Sprache da ist, die andere nicht teilen. Und weil sie zu einer Gemeinschaft gehört, die sich ihrer Besonderheit bewusst ist. Gleichzeitig bleibt die Wahrnehmung, dass sowohl die anderen Glieder der Gemeinde sehr unterschiedliche Lebensläufe haben und alle zusammen sich nochmals von den Gemeinden im Umfeld unterscheiden – wenn auch bei vielen Gemeinsamkeiten. Es ist dieser Vorsprung an Vielfaltsbewusstsein, der die Stärke im interkulturellen Dialog ausmacht.

Die evangelische Gemeinde spanischer Sprache ist ein Ort des Zusammenlebens.

Menschen kommen zusammen, feiern ihren Glauben und stärken einander für den Alltag. Menschen vernetzen sich mit anderen Gemeinden und anderen Christ*innen. Menschen gestalten das Leben in der Gemeinde und im Alltag. Sie wissen, dass sie zu mehreren „Welten" (kulturellen Gemeinschaften) gehören und dass es darüber hinaus noch viele andere Lebenswelten gibt. Und dort, wo Menschen zusammenkommen, um gemeinsam Leben zu gestalten, gemeinsam die Vielfalt ihrer Lebensmöglichkeiten teilen, da entsteht mehr, als die Summe ihrer Teile. Denn zwischen den Einzelnen und im Zusammenkommen entsteht ein Neues: ein Raum, ein Bewusstsein, ein Leben, welches vorher (ohne die Beziehung) nicht da war – das Zwischen, der Zwischenraum, in dem sich das Leben ereignet. „Wenn der Begriff des ‚Inter-Kulturellen' einen Sinn haben soll, kann er nur darin bestehen, dieses Zwischen, dieses Zwiegespräch als neue Dimension der Welt und der Kultur zur Entfaltung zu bringen. "[22]

Zusammenleben als Interkulturalität

Die Vielzahl der Menschen in Duisburg, die Vielzahl der Sprachen, die Vielzahl der kulturellen Prägungen, die Vielzahl der Lebens- und Glaubensweisen machen den Reichtum und die wichtigste Entwicklungs-Ressource Duisburgs aus. Dieser Reichtum kann von niemandem besessen, aber von allen genossen werden. Aus diesem Ressourcen-Reichtum kann Neues und Hilfreiches entstehen und so das Leben der Menschen hier besser machen.

Für die evangelische Kirche in Duisburg ist die evangelische Gemeinde spanischer Sprache eine Gabe des Heiligen Geistes, durch den beide Seiten einerseits entdecken, was sie je ausmacht und andererseits auch, was anders möglich ist. Dafür können die evangelische Kirche in Duisburg und die evangelische Gemeinde spanischer Sprache seit nunmehr 60 Jahren dankbar sein und hoffentlich noch viele weitere Jahre zusammen diese Vielfalt erleben.

Das Leben findet für uns Menschen im *Zwischen* statt – zwischen den verschiedenen Lebensweisen, den verschiedenen Menschen, den verschiedenen kulturellen Möglichkeiten. Interkultureller Dialog in Duisburg bedeutet: Zusammen leben. Je mehr wir einander dabei wahrnehmen und uns miteinander austauschen, desto reicher wird das Leben aller. Die evangelische Gemeinde spanischer Sprache in Duisburg leistet dazu einen wichtigen und bleibenden Beitrag.

* * *

L A ciudad de Duisburgo, conocida por su historia industrial, se ha desarrollado en una comunidad superdiversa y postmigrante. Un ejemplo vivo de esta diversidad cultural es la iglesia

____
[22]Jullien, Identität, 92.

evangélica de habla hispana, que refleja las estructuras sociales complejas y la diversidad de la ciudad.

Esta comunidad ilustra cómo la diversidad cultural y la práctica religiosa enriquecen la vida comunitaria en la ciudad. Sus miembros provienen de diferentes países y no solo hablan español, sino que también viven su fe en otros idiomas. Esto amplía las posibilidades de su vida religiosa y cotidiana. Como destaca François Jullien, la cultura es un reservorio de recursos que puede ser activado y utilizado. Esta idea cobra vida en la comunidad, donde personas que pueden orar tanto en español como en alemán presentan una gama más amplia de formas de expresión espiritual ante Dios. Al experimentar el ser «evangélico» como una característica de una minoría, pueden adaptarse más flexiblemente al cambio social y definir más claramente su identidad religiosa.

La comunidad también demuestra que el diálogo intercultural es mucho más que un concepto teórico; es una convivencia práctica moldeada por la interacción diaria y la práctica de la fe compartida. Al compartir sus diversos antecedentes culturales y creencias religiosas, crean un espacio donde pueden desarrollarse nuevas formas de conciencia y vida. Este «intermedio», donde personas de diferentes orígenes se reúnen, es el núcleo del diálogo intercultural que abre nuevas dimensiones de convivencia e interacción cultural.

7

DIGITALE SPANISCHE GOTTESDIENSTE IN DER CORONA-ZEIT
SERVICIOS RELIGIOSOS ESPAÑOLES DIGITALES DURANTE LA ERA DEL CORONA[23]

Von | de Ralf Peter Reimann

DIE COVID-19-Pandemie stellte ab Anfang 2020 weltweit Gesellschaften, Regierungen und Institutionen vor enorme Herausforderungen. Ein besonders sensibler Bereich war dabei die Ausübung religiöser Praktiken, dies schloss die Durchführung von Gottesdiensten ein. Kirchen und religiöse Gemeinschaften mussten schnell auf die neue Realität reagieren, als Regie-

---

[23] Dieser Text ist eine Erweiterung eines Blogpots, den der Autor in seinem Blog *TheoNet θ* unter https://theonet.de/2020/03/14/gottesdienst-per-whatsapp-ja-es-geht-in-zeiten-des-coronavirus-digitalekirche-chatandacht/ veröffentlicht hat.

rungen auf der ganzen Welt Versammlungsbeschränkungen und Kontaktverbote verhängten, um die Ausbreitung des Virus zu kontrollieren. Dies führte zu einer tiefgreifenden Veränderung der Art und Weise, wie Gottesdienste gefeiert wurden.

Die Landesregierung NRW hatte aufgrund des sich stark ausbreitenden Corona-Virus ein weitreichendes Kontaktverbot erlassen, das auch Gottesdienste einschloss. Dies stellte auch die spanischsprachige evangelische Gemeinde in Duisburg vor die Frage, den Gottesdienst am nächsten Sonntag abzusagen oder in anderer Form durchzuführen.

Wenn Gottesdienste und Gemeindeveranstaltungen vor Ort nicht mehr stattfinden können, muss das Gemeindeleben anders organisiert werden, damit es nicht zum Erliegen kommt. Gerade in der Krise muss Kirche nah bei Menschen sein. Dabei hilft es, wenn man auf Mittel zurückgreifen kann, die in der Gemeinde in Gebrauch sind. Dazu zählte in der spanischen Gemeinde auch WhatsApp. Kann man über WhatsApp Gottesdienst feiern? Ja, natürlich geht es. Datenschutzrechtlich ist es selbstverständlich bedenklich. Aber was ist die Alternative? Lieber kein Gottesdienst? Es ist eine Ermessensentscheidung zwischen Datenschutz und Infektionsschutz.

Natürlich hätte man mit mehr Vorlaufzeit auch andere Dienste statt WhatsApp nutzen können. Aber wenn es gilt, innerhalb eines Tages einen Gottesdienst vorzubereiten und möglichst vielen Menschen zugänglich zu machen, muss man die Messenger-Dienste und Sozialen Netzwerke nutzen, die in der Gemeinde bereits bekannt und in Gebrauch sind. Die Entscheidung war: Kein Gottesdienst oder ein Gottesdienst via Internet. Also statt Gottesdienst im Gemeindehaus, nun Gottesdienst via WhatsApp.

Gottesdienst ist Gemeinschaftsgeschehen

Gottesdienst bedeutet Gemeinschaft, was auch das gemeinsame Versammeln an einem Ort einschließt. Sollte dies nicht in der physischen Welt möglich sein, bietet sich die Online-Welt

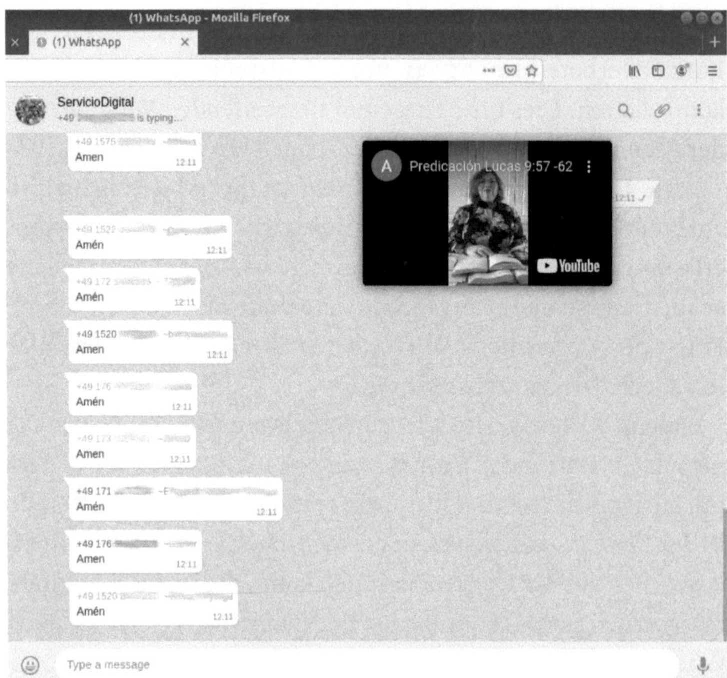

Screenshot vom ersten WhatsApp-Gottesdienst am 15. März 2020; Namen und Handynummern sind unkenntlich gemacht.

als Alternative an. Entscheidend ist, dass die Menschen live zusammenkommen, und dies ist über WhatsApp möglich. Aus diesem Grund wurde für den digitalen Gottesdienst ein WhatsApp-Gruppenchat eingerichtet. Eine Einladung zu dieser Gottesdienst-Gruppe kann einfach mittels eines Links erfolgen, der sowohl über WhatsApp als auch per E-Mail verschickt werden kann. Zudem können Gemeindemitglieder, zu denen bereits WhatsApp-Kontakte bestehen, direkt über WhatsApp hinzugefügt werden. Natürlich wäre es auch möglich gewesen, eine Predigt und ein Gebet aufzunehmen und diese dann online zur Verfügung zu stellen oder per E-Mail zu versenden. Dies hätte jedoch kein gemeinschaftliches, interaktives Erlebnis dargestellt. Familien können gemeinsam am WhatsApp-Gottesdienst teilnehmen, indem sie entweder gemeinsam über ein Mobiltelefon den Gottesdienst verfolgen oder WhatsApp-Web verwenden und so den Gottesdienst auf einem größeren Bildschirm gemeinsam erleben.

Chatandacht mit YouTube-Links

Der Gottesdienst folgte einer leicht angepassten bzw. verkürzten Liturgie, da das Tippen mehr Zeit in Anspruch nimmt als das Sprechen. Anstelle der gesungenen Lieder wurden Links zu YouTube-Musikvideos bereitgestellt. Im Laufe der Pandemie begannen musikalisch talentierte Gemeindemitglieder, Lieder instrumental oder mit Gesang als MP3-Datei aufzunehmen. Diese wurden dann während des Gottesdienstes über WhatsApp geteilt. Die Teilnehmenden konnten mitsingen oder einfach zuhören. Die Predigt wurde ebenfalls als YouTube-Video zur Verfügung gestellt. Insgesamt orientierte sich der Gottesdienst am Format einer Chatandacht.

Der erste WhatsApp-Gottesdienst in der Pandemie

Der erste WhatsApp-Gottesdienst am 15. März 2020 verlief reibungslos, wobei sich 42 Mitglieder, die meisten über einen bereitgestellten Link, in der Gottesdienstgruppe zusammenfanden. Die Gruppe ließ sich erfolgreich etablieren. Der Gottesdienst begann mit einer gegenseitigen Begrüßung. Da nicht alle Teilnehmer*innen sich untereinander als WhatsApp-Kontakte gespeichert hatten, wurden bei einigen nur die Telefonnummern angezeigt. Oft nahmen unter einem Kontakt mehrere Familienmitglieder teil, daher stellte sich zu Beginn jeder kurz vor, wer von welchem Ort aus am Gottesdienst teilnahm. Es entwickelte sich schnell die Praxis, nach einem Lied, der Predigt oder einer Lesung „Amen" zu tippen. Dadurch wurde an verschiedenen Stellen immer wieder sichtbar, dass auch per WhatsApp eine Gemeinschaft präsent ist. Während der Lieder und der Predigt wurde im Chat nicht getippt. Beim freien Fürbittengebet brachten die Teilnehmenden ihre persönlichen Gebetsanliegen ein, und der Abschluss bildete das Vaterunser. Nach dem Segen und dem Schlusslied folgte, wie üblich, der Kirchenkaffee, allerdings ohne ausgeschenkten Kaffee und die Gespräche fanden über WhatsApp statt.

Da auch in den folgenden Wochen der Präsenzgottesdienst ausfallen musste und der erste WhatsApp-Gottesdienst mit You-Tube-Predigt technisch erfolgreich verlief, fand auch an den folgenden Sonntagen der Gottesdienst wieder als WhatsApp-Chat statt. Durch die Möglichkeit der digitalen Durchführung mussten aufgrund der Corona-Beschränkungen keine Gottesdienste abgesagt werden.

Aufgrund der guten Akzeptanz dieser digitalen Gottesdienste führte die Gemeinde auch unter der Woche Andachten über WhatsApp ein, allerdings ohne Video-Predigten und Musikdateien, um weiterhin geistliche Unterstützung zu bieten und die Gemeinschaft zu stärken.

Nachdem die Gemeinde unmittelbar nach dem Verbot von Präsenzgottesdiensten WhatsApp-Gottesdienste einführte, stießen schnell auch Interessierte aus anderen spanischsprachigen Gemeinden, die keine eigenen Gottesdienste anboten, sowie frühere oder weggezogene Gemeindemitglieder zu den digitalen Gottesdiensten hinzu und schlossen sich der Gottesdienst-WhatsApp-Gruppe an.

Selbst nach dem Ende des Lockdowns setzte die Gemeinde diese Praxis noch einige Zeit fort und veranstaltete im Wechsel alle zwei Wochen WhatsApp- und Präsenzgottesdienste, um allen Gemeindemitgliedern die Teilnahme weiterhin zu ermöglichen und gleichzeitig den Übergang zurück zur Normalität behutsam zu gestalten.

Der WhatsApp-Gottesdienst nach der Pandemie

Die Predigtvideos aus der Corona-Zeit sind weiterhin als Archiv [24] abrufbar, sodass Interessierte sich einen Einblick in die Gemeinde verschaffen können. Die WhatsApp-Andachten an Werktagen werden fortgesetzt. Der sonntägliche Gottesdienst findet nun ausschließlich in Präsenz statt. Pläne, den Gottesdienst live zu streamen, ließen sich aufgrund des hohen Aufwandes leider nicht umsetzen. Allerdings werden die meisten Predigten mit einem Handy und Ansteckmikrofon aufgenommen, auf YouTube hochgeladen und anschließend in der WhatsApp-Gottesdienstgruppe geteilt. So haben Interessierte und Gemeindemitglieder, die nicht persönlich am Gottesdienst teilnehmen können, die Möglichkeit, die Predigt zeitversetzt zu hören.

* * *

DESDE el comienzo de la pandemia de COVID-19 a principios de 2020, sociedades, gobiernos e instituciones de todo el mundo se enfrentaron a enormes desafíos, incluida la práctica de actividades religiosas, como los servicios religiosos. Las iglesias y comunidades religiosas tuvieron que adaptarse rápidamente a la nueva realidad cuando los gobiernos impusieron restricciones de reunión y prohibiciones de contacto para controlar la propagación del virus. En Renania del Norte-Westfalia, el gobierno estatal implementó una prohibición de contacto extensiva, afectando también los servicios religiosos. Esto obligó a la iglesia de habla hispana en Duisburgo a decidir si cancelaba su servicio dominical siguiente o lo llevaba a cabo de otra manera.

La iglesia optó por realizar servicios religiosos digitales a través de WhatsApp para mantener la vida comunitaria y priorizar la protección contra la infección. Esto condujo a un cambio

---

[24] Die Predigten aus der Coronazeit finden sich hier: https://theonet.de/sermones-de-la-iglesia-evangelica-de-habla-hispana-en-duisburgo-durante-la-pandemia-de-covid-19/.

significativo en cómo se celebraban los servicios. En lugar de servicios presenciales, se utilizaron chats de grupo de WhatsApp para los servicios digitales, donde se compartían predicaciones y canciones a través de enlaces a videos de música en YouTube o archivos MP3 grabados. Los participantes podían interactuar, por ejemplo, escribiendo «Amén» después de una lectura. A pesar de los desafíos relacionados con la privacidad que este método implicaba, permitió a la iglesia reunirse.

Debido a que los servicios presenciales continuaron suspendidos en las semanas siguientes y el primer servicio de WhatsApp con predicación de YouTube fue técnicamente exitoso, la iglesia continuó con esta práctica y también introdujo devocionales de WhatsApp durante la semana. Se unieron interesados de otras comunidades de habla española que no ofrecían sus propios servicios, así como miembros anteriores o que se habían mudado. Incluso después del final del confinamiento, la iglesia mantuvo esta práctica por algún tiempo, alternando cada dos semanas entre servicios de WhatsApp y presenciales, para permitir la participación continua de todos los miembros de la iglesia y gestionar cuidadosamente la transición de regreso a la normalidad.

Después de la pandemia, los videos de las predicaciones de la época del coronavirus siguen disponibles como archivo, permitiendo a los interesados obtener una visión de la iglesia. Los devocionales de WhatsApp entre semana continúan realizándose. El servicio dominical se lleva a cabo exclusivamente en persona, ya que los planes para transmitir el servicio en vivo no se pudieron implementar debido al gran esfuerzo requerido. Sin embargo, la mayoría de las predicaciones se graban con un teléfono móvil y un micrófono de solapa, se suben a YouTube y luego se comparten en el grupo de WhatsApp del servicio religioso. Esto permite que aquellos interesados y miembros de la iglesia que no pueden asistir en persona a los servicios tengan la oportunidad de experimentar la predicación de manera diferida.

8

Heimat in der Fremde – zum 50-jährigem Jubiläum
Hogar en tierra ajena – para el 50° aniversario[25]

Von | de Bettina v. Clausewitz

DIE Adresse der spanischen Gemeinde Duisburg ist seit 50 Jahren dieselbe: Juliusstraße 10 im Arbeiterviertel Hochfeld. Die Menschen allerdings, die seit der Gründung herkommen, sind immer wieder andere – ein lebendiges Abbild der Migration im Ruhrgebiet.

„Anfangs, in den 60er-Jahren mit all den Gastarbeitern, war die Kultur hier ganz anders als heute", erinnert sich der Sohn des Gründers und ersten Pastors der spanischsprachigen Gemeinde,

---

[25] Dieser Text – hier unverändert wiedergegeben – erschien zum 50-jährigen Jubiläum der spanischen Gemeinde am 19. September 2014 auf der Website der Evangelischen Kirche im Rheinland unter http://www.ekir.de/-www/service/spanische-gemeinde-18002.php, er ist noch im Internetarchiv abrufbar unter https://web.archive.org/web/20150430102128/http://www.ekir.de/-www/service/spanische-gemeinde-18002.php.

Gruppenfoto als Poster anlässlich der Feierlichkeiten zum 50-jährigen Bestehen der Gemeinde aus dem Jahr 2014.

der wie sein Vater José Martínez heißt. „Die Gastarbeiter waren meistens Männer, sie kamen allein, ohne ihre Familien. Sie konnten kein Deutsch und lebten wie auf einer einsamen Insel." Nach den Gastarbeitern kamen in den 90er-Jahren Migranten aus Südamerika. Heute sind es Arbeitsuchende aus dem angeschlagenen Spanien.

Für sie alle wurde die 1964 gegründete evangelische Gemeinde zur Heimat in der Fremde. Egal ob sie evangelisch oder katholisch waren. Das ist bis heute so. „Wir haben viele Katholiken bei uns und acht verschiedene evangelische Denominationen", sagt Pastor José Manuel González mit einigem Stolz auf die Ökumene der Gemeinde, die er seit 1995 leitet. Darunter Baptisten, Methodisten, Adventisten, Presbyterianer und Lutheraner.

Ausländische Gemeinden verändern sich rasch

All das unter dem Dach der Evangelisch-Freikirchlichen Gemeinde (EFG) Duisburg-Mitte, in der die spanische Gemeinde von

Anfang an zu Gast war. Mittlerweile ist sie Teil dieser baptistischen Gemeinde und auf deren Homepage zu finden. Anders als deutsche Gemeinden jedoch ist sie ständig im Wandel: „Ausländische Gemeinden verändern sich rasch, die Menschen kommen und gehen", sagt Gonzáles. „Das ist ihr spezieller Charakter."

Daneben ist auch die Vielfalt der Nationalitäten ein besonderes Merkmal, Spanisch wird ja in vielen Ländern gesprochen. Derzeit zählt die Gemeinde 110 eingetragene Mitglieder und hat vor allem sonntags viele Gäste. Die Gottesdienstbesucher sind „zwischen null und 90 Jahren", wie es stolz heißt, und kommen aus 21 Nationen: neben Spanien vor allem aus lateinamerikanischen Ländern wie Argentinien, Chile, Bolivien, Costa Rica oder Kuba, aber auch Russland und China sind vertreten. Mittlerweile jedoch gibt es weniger Arbeiter- als Mittelschicht. Und eine größere Mobilität durch das Internet.

Vertraute Kultur und Glaube

Das Einzugsgebiet heute reicht rund 100 Kilometer weit von Dortmund bis zum Niederrhein, von Oberhausen bis Solingen: „Manche wollen einfach mal wieder Spanisch sprechen", sagt Pastor Gonzáles. „Viele sagen auch: Es tut meiner Seele gut, die vertraute Kultur und den Glauben zu erleben."

Kirche als Treffpunkt und Kulturverein, als Gottesdienstraum, aber auch als Anlaufstelle für soziale Hilfe. „Wir haben allein zehn verschiedene Arbeitsfelder", berichtet der 73-jährige Karl-Erich Rost und zählt einige auf: Hilfe bei Behördengängen und der Arbeitssuche, Kleider- und Möbelkammer oder Deutschunterricht. Rost, der gelernter Drucker ist und lange in Chile lebte, ist eins der deutschen Gemeindemitglieder.

Viel junge Leute in der Gemeinde

Ebenso wie seine chilenische Frau Mathilde engagiert er sich in vielen Bereichen. Vor kurzem hat er sogar mit Pastor Gonzáles den Fortbildungskurs Kirche im interkulturellen Kontext (KikK) in Wuppertal absolviert. „Bei uns ist immer viel los und viele junge Leute kommen", das ist Karl-Erich Rost besonders wichtig. Und Mathilde Rost ergänzt: „Dass ich katholisch bin, spielt hier überhaupt keine Rolle."

Über die lokale Bedeutung hinaus sei die Gemeinde auch wichtig im Internationalen Kirchenkonvent (Rheinland Westfalen), betont der für Gemeinden anderer Sprache und Herkunft zuständige Landespfarrer Markus Schaefer aus Düsseldorf. Als große, europäische Gemeinde sei sie eine wichtige Ergänzung zu den mehrheitlich charismatischen Gemeinden meist afrikanischen Ursprungs im Konvent, einem Netzwerk von 140 fremdsprachigen Gemeinden. Die spanische Gemeinde biete „geistliche Heimat, menschliche Wärme und praktische Hilfe", wie Schaefer selbst erlebt hat. Gleichzeitig stehe sie derzeit „im Fokus aktueller politischer und sozialer Entwicklungen in Europa" – Stichwort: Migrationsdebatte.

Neue Zuwanderung seit der Wirtschaftskrise

Für die spanische Gemeinde in Duisburg hat diese Debatte viele Gesichter. Denn seit Beginn der jüngsten Wirtschaftskrise kommen Menschen aus Süd- und Osteuropa, um Arbeit zu finden. Einer von ihnen ist Germán Fernández, dessen Bauunternehmen in Barcelona pleite ging, weil niemand mehr bauen wollte. Vor drei Jahren kam er nach Duisburg und fand in der Gemeinde Hilfe bei der Jobsuche, bei Behördengängen; und er ging zur Bibelstunde.

Mit seiner neuen Geschäftsidee klappte es nicht, aber Herman fand Arbeit im Lager eines Großunternehmens. Seine Frau und die drei Töchter sind nachgezogen. „Was ich in Spanien verloren habe, habe ich hier neu gefunden: Brüderlichkeit, Geborgenheit und ein neues Zuhause", sagt Germán Fernández heute. Nur ein kleines Defizit räumt er ein: „Das Klima. Die Sonne fehlt doch manchmal sehr."

* * *

La dirección de la Iglesia Evangélica de Habla Hispana en Duisburgo ha sido la misma durante 50 años[26]: Juliusstraße en el barrio obrero de Hochfeld. Sin embargo, las personas que vienen aquí están en constante cambio, un reflejo vivo de la migración en la región del Ruhr.

«Al principio, en los años 60, la cultura aquí era muy diferente a la de hoy», recuerda José Martínez, el hijo del fundador. «La mayoría de los trabajadores invitados eran hombres, venían solos, sin sus familias. No hablaban alemán y vivían como en una isla solitaria.» Después de los trabajadores invitados, en los años 90, llegaron migrantes de Sudamérica. Hoy en día, son buscadores de empleo de España.

Para todos ellos, la iglesia evangélica fundada en 1964 se convirtió en un hogar en tierra ajena. «Tenemos muchos católicos entre nosotros y ocho denominaciones evangélicas diferentes», dice el Pastor José Manuel González, quien dirige la iglesia desde 1995. Entre las confesiones están bautistas, metodistas, adventistas, presbiterianos y luteranos.

Todo esto ocurre bajo el techo de la Iglesia Evangélica Libre (EFG) de Duisburgo-Centro. La iglesia española está en constante cambio: «Las comunidades extranjeras cambian rápidamente, la gente viene y se va», dice González. Actualmente, la iglesia cuenta con 110 miembros registrados, y los visitantes provienen de 21 naciones.

El área de influencia se extiende desde Dortmund hasta el Bajo Rin y desde Oberhausen hasta Solingen. «Muchos dicen: Me hace bien al alma experimentar la cultura y la fe familiares», dice González. La iglesia es un punto de encuentro para la ayuda social y el intercambio cultural. «Tenemos diez campos de trabajo diferentes», informa Karl-Erich Rost, quien se involucra junto a su esposa Mathilde, que es católica, en muchos ámbitos.

---

[26]Esta es una síntesis de un artículo en alemán, publicado con motivo del 50º aniversario de la iglesia hispanohablante en 2014 en el sitio web de la Iglesia Evangélica en Renania, disponible en http://www.ekir.de/www/service/spanische-gemeinde-18002.php.

Desde la reciente crisis económica, muchas personas del sur y este de Europa han venido. Uno de ellos es Germán Fernández, quien encontró ayuda en Duisburg para buscar trabajo. «Lo que perdí en España, lo he encontrado aquí de nuevo: fraternidad, seguridad y un nuevo hogar», dice Germán hoy. Solo le falta el clima a veces.

AUTORAS Y AUTORES
AUTOR*INNEN

- Benjamín H. Álvarez Murcia, Pastor de la Iglesia Evangélica de Habla Hispana de Duisburgo

- Sören Asmus, Pfarrer im Referat für interreligiösen und interkulturellen Dialog des Evangelischen Kirchenkreises Duisburg

- Anabel Cantú Flores Reimann, M.Div., Ministerio de Coordinación de la Iglesia Evangélica de Habla Hispana de Duisburgo

- Bettina v. Clausewitz, Journalistin, Essen

- José Manuel González, Pastor emérito de la Iglesia Evangélica de Habla Hispana de Duisburgo

- Mike Lee, Dezernent für Internationale Gemeinden und Interkulturelle Öffnung im Landeskirchenamt der Evangelischen Kirche im Rheinland

- Viktor Petkau, Pastor der Evangelisch-Freikirchlichen Gemeinde Duisburg-Mitte

- Ralf Peter Reimann, Dezernent in der Stabsstelle Kommunikation und Medien im Landeskirchenamt der Evangelischen Kirche im Rheinland

- Markus Schaefer, Leitender Dezernent des Ökumene-Dezernats im Landeskirchenamt der Evangelischen Kirche im Rheinland

- Dr. Christoph Urban, Superintendent des Evangelischen Kirchenkreises Duisburg

- Friedemann Wunderlich, Missionsleiter der Mission für Süd-Ost-Europa (MSOE), Kreuztal

Fotonachweis | Crédito fotográfico

Foto auf dem Einband und in Kapitel 10: Javier Martínez, Bildbearbeitung von José (Pepe) Martínez; alle anderen Fotos aus Privatbesitz. | Foto en la portada y en el capítulo 10: Javier Martínez, edición de José (Pepe) Martínez; todas las demás fotos son de propiedad privada.